Pareys bunte Gartentips

In der Reihe

Pareys bunte Gartentips
sind bisher erschienen:

R. Gardiner, So wird der Rasen perfekt
R. Grounds, So schneidet man Zier- und Obstgehölze
R. Grounds, So pflegt man Zimmerpflanzen
R. C. M. Wright, So vermehrt man Pflanzen im Zimmer, im Garten und im Gewächshaus
R. Genders, So einfach ist der Anbau von Gemüse
F. Glasau, So hat man mehr Freude an Rosen
G. Fritzsche, So wächst und blüht es auf dem Balkon
H. Kohstall, Laubgehölze für den Garten
H. Kohstall, So schmückt man Gärten mit immergrünen Laubgehölzen, Rhododendron und Heide
E. Stamm, Erfolgreiches Gärtnern auf Hochbeeten
A. Förster, So wird ein naturgemäßer Gartenteich angelegt.

Die Reihe wird fortgesetzt

Albrecht Förster

So wird ein naturgemäßer Gartenteich angelegt

Ein Feuchtbiotop als Lebensraum für Tiere und Pflanzen im Garten

Mit 32 Farbabbildungen, 12 Zeichnungen und einer tabellarischen Übersicht

Verlag Paul Parey · Berlin und Hamburg

Umschlagfoto: Lebensbereiche eines Gartenteiches: Bodenfeuchte Randzone (hier: Ligularie, *Ligularia clivorum*); Stauden für den sumpfigen Bereich (hier: Sumpfbinse, *Eleocharis palustris*); Flachwasserzone (hier: Tannenwedel, *Hippuris vulgaris*, Sumpfbinse, *Eleocharis palustris*); Seichtwasserzone (hier: Hechtkraut, *Pontederia cordata*); Seerosen- oder Schwimmblattzone (hier: Seerose, *Nymphaea* ‚Attraction')

Foto S. 5: Plattbauch *(Libellula depressa)* auf einer Blütenknospe der Sibirischen Wieseniris *(Iris sibirica)*

CIP-Titelaufnahme der Deutschen Bibliothek

Förster, Albrecht:
So wird ein naturgemässer Gartenteich angelegt : e. Feuchtbiotop als Lebensraum für Tiere u. Pflanzen im Garten / Albrecht Förster. - Berlin ; Hamburg : Parey, 1988
(Pareys bunte Gartentips)
ISBN 3-489-62324-X

Abbildungsnachweis: Fotos vom Verfasser, Zeichnungen von Ute Rivinius

 Anschriften: Lindenstr. 44–47, D-1000 Berlin 61; Spitalerstr. 12, D-2000 Hamburg 1

ISBN 3-489-62324-X · Printed in Germany

Umschlag: Jan Buchholz und Reni Hinsch. D-2000 Hamburg 72

Satz und Druck: Appl, Wemding

Bindung: Helm,
D-1000 Berlin 30

Vorwort

Ökologische Fragen finden bei immer mehr Menschen Beachtung. Viele erkennen den Wert der Lebensgemeinschaften in unserer Tier- und Pflanzenwelt. Gleichzeitig wird uns aber auch bewußt, daß funktionierende Lebensgemeinschaften in der Natur selten geworden sind. Ein Grund mehr, selbst dazu beizutragen, bestehende Lebensräume vor Zerstörung zu bewahren und neue zu schaffen.

Durch die richtige Anlage eines Teiches schaffen wir die Voraussetzungen für das Entstehen einer ans Wasser gebundenen Lebensgemeinschaft aus Tieren und Pflanzen in unserem Garten. Ein naturgemäßer Gartenteich lädt mit all seiner Lebensvielfalt stets zum Verweilen und Beobachten ein und belohnt den Gartenbesitzer für seine Mühe mit vielen beglückenden Naturerlebnissen.

Dieses Buch möchte mithelfen, die vielfältigen Wechselbeziehungen in einer Lebensgemeinschaft aus Pflanzen und Tieren besser zu verstehen und dadurch das Interesse für die Anlage eines ökologisch orientierten Gartenteiches wecken.

An dieser Stelle möchte ich Herrn Prof. A. Feßler, Weihenstephan, für die Durchsicht des Manuskriptes und manche wertvolle Anregung danken. Bedanken möchte ich mich auch bei Frau Dipl. Ing. Ingrid Süß, die mir insbesondere bei den anstrengenden Fotoarbeiten hilfreich zur Seite stand. Meinem Bruder Christian gilt mein besonderer Dank für seine Hilfestellung bei zahlreichen faunistischen Bestandsaufnahmen an Gartenteichen, und Frau Dipl. Ing. Ute Rivinius danke ich für die sorgfältige Ausführung der Zeichnungen.

Dankbar verpflichtet fühle ich mich gegenüber dem Verlag Paul Parey für die gute Zusammenarbeit, insbesondere dem Lektor für Gartenbau und Landespflege, Herrn Dr. Wilfried Claußen, für zahlreiche Anregungen, Diskussionen und Kritik.

Unsleben, im Frühjahr 1988

Albrecht Förster

Inhalt

1 Einleitung

Die große Vielfalt des Lebens im und am Wasser beginnt immer mehr Gartenbesitzer und Naturfreunde zu begeistern.

In diesem Buch wird beschrieben, wie ein naturgemäßer Gartenteich angelegt wird, der dem interessierten Betrachter Einblick in die vielfältigen Lebensbeziehungen zwischen Pflanzen und Tieren in einem »Feuchtbiotop« bietet, und der deshalb sicherlich schon bald die Neugier eines jeden Gartenbesitzers wekken wird.

Um die in diesem »Gartentip« erläuterten Zusammenhänge besser verstehen zu können, sollen vorweg einige der wichtigsten Fachbegriffe erklärt werden, die im nachfolgenden Text Verwendung finden.

Begriffserklärungen

► **Aerenchym:** Gewebe mit großen Interzellularräumen, die der Durchlüftung und Luftspeicherung dienen.

► **Artenschutz:** Aufgabenbereich des Naturschutzes mit dem Ziel, den Bestand an wildlebenden Tier- und Pflanzenarten innerhalb ihres natürlichen Verbreitungsgebietes so zu fördern, daß die Erhaltung der Arten gesichert bleibt.

► **Biomasse:** Gewicht der zu einer bestimmten Zeit vorhandenen Organismen in einem Ökosystem. Die aus pflanzlichen Substanzen bestehende Biomasse nennt man Phytomasse, die aus tierischen Substanzen aufgebaute Biomasse dagegen Zoomasse.

► **Biotop:** Durch verschiedene Standortmerkmale geprägte Lebensstätte einer Lebensgemeinschaft.

► **Bodenreaktion (pH-Wert):** Maßzahl für die Wasserstoff (H)-Ionen-Konzentration in der Bodenlösung. Eine hohe H-Ionen-Konzentration bewirkt eine saure, eine mittlere H-Ionen-Konzentration eine neutrale und eine geringe H-Ionen-Konzentration eine alkalische Reaktion des Bodens. Die H-Ionen entstammen der Kohlensäure, die durch Wurzelatmung und durch die Atmung von Bodenorganismen entsteht, der Schwefel- und Salpetersäure, die mit dem »sauren Regen« in den Boden gelangen, bestimmten Düngern wie z. B. Ammoniumsulfat und Harnstoff und werden infolge der Oxidation von Eisen, Mangan und Schwefel im Boden freigesetzt.

► **Entwicklungszyklus der Insekten:** Verwandlung vom Insektenei zum Vollinsekt (Imago). Manche Arten verwandeln sich über ein Larven- und Puppenstadium zur Imago (z. B. Schmetterlinge). Bei anderen entsteht in einem unvollständigen Entwicklungszyklus die Imago bereits nach dem Larvenstadium, ein Puppenstadium fehlt (z. B. Libellen).

► **Eutrophes Gewässer:** Durch hohe Nährstoffgehalte und starkwachsende Pflanzenarten gekennzeichnete Gewässer. Typisch sind relativ flache Becken und eine breite Uferbank.

► **Eutrophierung:** Anreicherung von Nährstoffen (vor allem Nitrat und Phosphat) in Gewässern, die zu ungünstigen Verschiebungen in einem Ökosystem führen (verstärktes Wachstum einzelner Arten, Unterdrückung anderer; durch Zersetzung großer Mengen abgestorbener Pflanzen schließlich Sauerstoffzehrung und Fäulnis = »Umkippen«).

► **Exuviendichte:** Anzahl von Larvenhüllen (Exuvien) verschiedener Insekten bezogen auf eine bestimmte Flächeneinheit.

► **Flachwasserzone:** Lebensbereich eines Teiches, dessen Wassertiefe von 0–30 cm reicht.

► **Habitat:** Charakteristischer Wohn- oder Standort, an dem bestimmte Arten regelmäßig anzutreffen sind (siehe auch Biotop).

► **Hibernakeln:** Winterknospen die von einigen Wasserpflanzen zu Beginn der kalten Jahreszeit abgestoßen werden, auf den Gewässergrund sinken und dort überwintern.

► **Imago:** siehe Entwicklungszyklus der Insekten.

► **Lebensbereiche:** Optimalstandorte von bestimmten Pflanzen und Tieren, deren Bedingungen ein gutes Gedeihen gewährleisten.

► **Lebensgemeinschaft = Biozönose:** Zusammensetzung der an einem bestimmten Ort regelmäßig vorkommenden Lebewesen verschiedener Pflanzen- und Tierarten, die untereinander und mit anderen Arten in Wechselbeziehung stehen.

► **Mandibeln:** Bestandteil der Mundwerkzeuge (Oberkiefer) von Insekten.

► **Ökologie:** Wissenschaft von den Beziehungen der Lebewesen zu ihrer Umwelt (Teilgebiet der Biologie).

► **Ökologische Nische:** Lebens- oder Tätigkeitsbereich bestimmter Pflanzen- oder Tierarten, die ausgeprägte Anpassungen an extreme Standorte und Bedingungen zeigen.

► **Ökologisches Gleichgewicht:** Fließgleichgewicht (scheinbar konstanter Zustand) zwischen den verschiedenen Wechselbeziehungen in einem Ökosystem oder einer Landschaft.

► **Ökologisches Verbundsystem:** Aneinanderreihung (Vernetzung) von Lebensräumen (z. B. durch Hecken, Feldraine). Tiere und Pflanzen haben die Möglichkeit einer selbständigen Ausbreitung.

► **Ökosystem:** Funktionelle Einheit von Lebensgemeinschaft und Lebensstätte, die untereinander und mit ihrer Umwelt in Wechselbeziehungen steht.

► **Oligotrophes Gewässer:** Nährstoff- und humusarmes Gewässer, das durch eine relativ geringe Produktivität gekennzeichnet ist. In der Regel wird ein tiefes Becken von einer schmalen Uferbank gesäumt.

► **Pflanzengesellschaft:** Zusammenstellung verschiedener Pflanzen, die aufgrund von Wuchseigenschaften, Standortansprüchen und Habitus miteinander harmonieren und gemeinsam einen bestimmten Standort besiedeln.

► **pH-Wert:** siehe Bodenreaktion.

► **Population:** Gesamtheit der Lebewesen einer Art mit gemeinsamen genetischen Merkmalen innerhalb eines bestimmten Raumes.

► **Rhizom:** Wurzelstock oder Erdstamm, der als Überwinterungsorgan und Speicher dient. Rhizome sind Sproßachsen und unterscheiden sich von Wurzeln durch die Ausbildung von Knospen und schuppenartigen Niederblättern.

► **Rote Liste:** Auflistung gefährdeter und vom Aussterben bedrohter Tier- und Pflanzenarten.

► **See:** Es handelt sich hierbei um ein Gewässer, das sich von Weiher und Teich durch seine größere Wassertiefe und Ausdehnung unterscheidet. An tiefen Stellen eines Sees ist es bereits so dunkel, daß keine Wasserpflanzen mehr gedeihen können. Auch die Temperaturverhältnisse im See unterscheiden sich deutlich von denen im Teich und Weiher.

► **Seerosen- oder Schwimmblattzone:** Lebensbereich eines Teiches, dessen Wassertiefe von 50 cm bis in die Tiefenregionen, wo kein Pflanzenwachstum mehr möglich ist, reicht.

► **Seichtwasserzone:** Lebensbereich eines Teiches, dessen Wassertiefe von 30–50 cm reicht.

► **Submerse Pflanzen:** Unter Wasser (untergetaucht) lebende Pflanzen.

► **Stauden:** Mehrjährige, krautige Pflanzen mit ausdauernden Wurzeln oder Rhizomen. Abgesehen von einigen immergrünen Stauden, bilden sich alljährlich oberirdische Erneuerungssprosse, die meist im Herbst absterben.

► **Stigma:** Atmungsöffnung (Mündung der Tracheen), die der Sauerstoffaufnahme der Gliederfüßler (z. B. der Insekten) dient. In der Botanik wird die Narbe, das oberste zur Aufnahme der Pollen bestimmte Ende der Fruchtblätter in der Blüte einer Blütenpflanze, auch als Stigma bezeichnet.

► **Teich:** Ein Gewässer, das bezüglich Wassertiefe und Lebewesen dem Weiher im allgemeinen völlig gleicht. Ein Teich entsteht jedoch nicht auf natürliche Weise, sondern wird von Menschenhand geschaffen.

► **Tracheen:** Röhrenförmige, zum Teil auch

verzweigte und sackartige Atmungsvorrichtungen bei Gliederfüßlern (z. B. Insekten), die an der Körperoberfläche mit einem Stigma enden. In der Botanik bezeichnet man mit Tracheen röhrenförmige Gefäße, die der Wasser- und Nährsalzleitung dienen.

► **Wasserblüte:** Grünfärbung des Teichwassers durch Massenentfaltung pflanzlichen Planktons, also von Algen verschiedenster Art.

► **Weiher:** Stehende Gewässer, die das ganze Jahr über Wasser führen und im Gegensatz zum **Tümpel** im Winter nicht bis auf den Grund zufrieren. Die Wassertiefe übersteigt dennoch kaum 2 m, was dem Pflanzenreichtum im Weiher zugute kommt. Weiher zählen zu den artenreichsten Süßgewässern.

Ziele und Nutzen der Anlage eines ökologisch orientierten Gartenteiches

Wasser, als Urelement allen Lebens, wird in einer von zivilisatorischen Einflüssen geprägten Welt, in seiner biologischen Funktionsfähigkeit mehr und mehr beeinträchtigt.

Die Schaffung biologisch funktionsfähiger Ökosysteme als Lebensräume für artenreiche Tier- und Pflanzengesellschaften ist deshalb in unserer ökologisch verarmten Kulturlandschaft sinnvoll und notwendig.

Allein die europäische Gewässerfauna zählt mehr als 14000 verschiedene Arten, und zur mitteleuropäischen Gewässerflora gehören über 900 Arten, was die Bedeutung der Gewässer und deren Schutzwürdigkeit bestätigt.

Es sollte deshalb die Aufgabe eines jeden Naturfreundes sein, bestehende Gewässer in ihrer Funktionsfähigkeit zu erhalten. Je nach äußeren Gegebenheiten, ist die Anlage eines ökologisch orientierten Gartenteiches ein Beitrag zur Erhaltung, bzw. Wiederansiedlung bedrohter Tier- und Pflanzenarten. Bei der Schaffung eines solchen Biotops wird der verhältnismäßig geringe finanzielle Aufwand sicherlich mit dem hohen Wert des Naturerlebnisses belohnt.

Ziele und Nutzen für den Gartenbesitzer

Die Wünsche der meisten Gartenbesitzer gehen dahin, daß der Pflegeaufwand für den Gartenteich minimal sein soll.

Dies ist auch im Sinne einer funktionierenden Biozönose. Jeder falsche Eingriff in ein solches Ökosystem kann zu einem Zusammenbruch der Lebensgemeinschaft – mit nicht wieder gutzumachenden Folgen – führen. So wird beispielsweise das Algenwachstum durch falsche Pflanzen- und Substratwahl stark gefördert. Das Ausräumen der unschön wirkenden Algen wäre einerseits mit einem hohen Arbeitsaufwand und andererseits mit der Zerstörung einer artenreichen Kleinfauna verbunden.

Bei Beachtung wichtiger ökologischer Aspekte, kann das Algenwachstum stark begrenzt werden und nach Einstellung eines ökologischen Gleichgewichtes, nahezu ganz verschwinden.

Dieses eine Beispiel zeigt, daß die Berücksichtigung ökologischer Gesichtspunkte durchaus mit den Wünschen und Zielen des Gartenbesitzers in Einklang zu bringen ist.

Der Nutzen eines solchen Gartenteiches wird wohl kaum mit materiellen Werten vergleichbar sein. Es ist der unvergleichliche Wert eines Naturerlebnisses, welches in einer von Streß geplagten Welt, inmitten einer ökologisch verarmten Agrarlandschaft, immer seltener geworden ist.

Ziele und Nutzen für die Umwelt

Eine recht traurige Bilanz, aufgrund jahrzehntelanger Naturzerstörung, zeigt die Rote Liste bedrohter Tiere und Pflanzenarten.

Allein in der Bundesrepublik Deutschland stehen 31% der 2667 einheimischen Pflanzenarten auf der Roten Liste.

Als Bestandteil aktiven Naturschutzes kann durch die Anlage eines ökologisch orientierten Gartenteiches für viele der bedrohten Tier- und Pflanzenarten ein neuer Lebensraum geschaffen werden. Gerade einige der als »nützlich« angesehenen Tierarten unserer heimischen Gewässerfauna – wie Libellen, Frösche, Kröten usw. – benötigen unbedingt diese ökologischen Nischen, um auf lange Sicht überleben zu können.

Wie wichtig, insbesondere die Verwendung verschiedener Pflanzenarten für die Ansiedlung einer biologisch aktiven Fauna ist, wird im faunistischen Teil dieses Buches aufgezeigt.

Bei der Pflanzenauswahl für den Gartenteich muß es sich keineswegs nur um einheimische Pflanzenarten handeln. Auch nichteinheimische Pflanzen können wichtige biologische Funktionen erfüllen und zur Sicherung einer stabilen Lebensgemeinschaft beitragen. Ausdrücklich sei hier jedoch noch erwähnt, daß sich die Verwendung nichteinheimischer Pflanzen ausschließlich auf den Gartenbereich beschränken soll. In der freien Natur muß eine Florenverfälschung durch Verwendung florenfremder Pflanzenarten in jedem Fall vermieden werden.

Die Anlage eines ökologisch orientierten Gartenteiches unterscheidet sich also von der Errichtung eines Feuchtbiotopes in freier Natur, vor allem durch die Pflanzenauswahl. Das heißt natürlich nicht, daß nicht auch ein reiner »Naturteich« in den Garten paßt. Entscheidend ist der Grundsatz, der auf beide Anlagentypen gleichermaßen zutrifft: ein möglichst ohne menschliche Eingriffe funktionierendes Ökosystem.

Entwicklung eines Gartenteiches im Jahresverlauf

Bevor im speziellen Teil dieses Buches die Anlage und Gestaltung eines Gartenteiches beschrieben wird, soll hier vorweg die Entwicklung im Jahresverlauf dargestellt werden. Hierdurch wird sicherlich das Verständnis für ökologische Aspekte, die bei Gestaltung und Anlage zu berücksichtigen sind, erleichtert.

Als Anschauungsobjekt diente unter anderen ein Gartenteich, bei dem zwei Vegetationsperioden nach der Anlage bereits eine geschlossene Lebensgemeinschaft vorlag. Es handelt sich um ein pflanzenreiches Gartengewässer, dessen 45 verschiedene Pflanzenarten und ihr Bezug zu anderen Lebewesen inmitten einer Biozönose beobachtet wurden.

Winter

Während der winterlichen Ruheperiode assimilieren nur die Unterwasserpflanzen unter einer dicken Eisdecke. Vor allem die Wasserpest *(Elodea canadensis)* und die Unterwasserformen des Tannenwedels *(Hippuris vulgaris)* zeigen sich das ganze Jahr über in ihrem grünen Pflanzenkleid. Diese sowie viele andere Unterwasserpflanzen erfüllen hierdurch eine wichtige biologische Funktion. Sie produzieren auch während der Wintermonate den für viele Wassertiere lebensnotwendigen Sauerstoff. Flugfähige Wasserinsekten wie Ruderwanzen, Rükkenschwimmer, Schwimm- und Wasserkäfer suchen deshalb im Herbst pflanzenreiche Überwinterungsteiche auf.

Frühjahr

Im zeitigen Frühjahr beginnt sich der Teich recht bald vom Ufer ausgehend zu erwärmen, vor allem über dunklem Grund – im Gegensatz zu hellem, sandigem oder steinigem Untergrund – können hier bereits überraschend hohe Temperaturen gemessen werden. Aus dieser Tatsache wird verständlich, wo das rege Leben im Frühjahr beginnt. Flach abfallende, breite Uferzonen spielen – wie jeder selbst beobachten kann – für eine Vielzahl von Lebewesen eine große Rolle. So laicht beispielsweise der Grasfrosch *(Rana temporaria)* bereits im März in warmen Uferzonen, während die Tiefenzone noch mit Eis bedeckt ist.

Auch für viele Wasserinsekten wie Libellen, Köcherfliegen, Schwimm- und Wasserkäfer beginnt, ausgehend vom flachen Uferbereich, ein neuer Lebenszyklus.

Mit zunehmender Wassererwärmung im Frühjahr setzt auch eine rege Bakterientätigkeit ein. Hierdurch werden halbverrottete Pflanzenreste vom Vorjahr sehr schnell zu Nährstoffen aufgeschlossen. In Abhängigkeit von Größe, Vegetation und Lage des Gartenteiches kann es im späten Frühjahr zu einem starken Algenwachstum kommen. Hierbei wird das Wachstum der Unterwasserpflanzen unterdrückt, da nur wenig Licht durch die dicken »Algenwatten« auf den Gewässergrund gelangt. Bei der richtigen Pflanzenwahl werden sich jedoch die sauerstoffproduzierenden Unterwasserpflanzen in ihrem Konkurrenzkampf gegen die unschön wirkenden Fadenalgen durchsetzen. Mit einer zunehmenden biologischen Aktivität im Verlauf des Jahres helfen ebenso eine Vielzahl von Wassertieren bei der Dezimierung der Algen.

Sommer

Wenn sich die Lebensgemeinschaft während der Sommermonate im und am Teich voll entfaltet hat, ist die schönste Zeit gekommen, sich von der Vielfalt des Gewässerlebens begeistern zu lassen. Die Flugkunststücke der Libellen, der Beutefang vieler Wassertiere sowie die Schönheit der Wasserpflanzen werden für den Naturfreund zu Beobachtungen von besonderem Reiz.

Die sauerstoffbildende Unterwasservegetation hat sich ab Juni so stark entwickelt, daß das Algenwachstum jetzt wirksam unterdrückt wird. Dies gilt allerdings nur, sofern eine Eutrophierung des Gartenteiches, beispielsweise durch Fischfutter, von außen vermieden wird. In kleinen, flachen Becken besteht die Gefahr einer plötzlich auftretenden »Wasserblüte«. Darunter versteht man eine Grünfärbung des Wassers durch Schwebealgen. Dieser Vorgang tritt vor allem im Sommer, bei Überwärmung des Wassers, in Verbindung mit hohen Nährstoffgehalten, auf. Eine solche Massenentfaltung pflanzlichen Planktons kann häufig über Nacht eintreten, was seine Ursache in plötzlichen Umschichtungen von im Wasser gelösten Stoffen hat.

Phosphat ist einer der Nährstoffe, die maßgeblich für »Wasserblüten« verantwortlich sind.

Damit solche unerwünschten Erscheinungen erst gar nicht auftreten, sollte man bei der Anlage die im folgenden Kapitel gegebenen Hinweise, bezüglich Größe und Lage des Teiches unbedingt beachten. Denn nicht nur der unschöne Anblick eines trüben, undurchsichtigen Teichwassers, sondern auch die Gefahr, daß der Teich aufgrund von Sauerstoffmangel »umkippt«, ist durch eine »Wasserblüte« gegeben. Ein »umgekippter« Gartenteich ist nur sehr schwer wieder ins Lot zu bringen; sein biologisches Gleichgewicht ist durch die Zerstörung vieler Lebewesen stark beeinträchtigt.

Herbst

Im September, wenn die Wassertemperatur langsam sinkt, suchen die ersten Teichbewohner ihre Winterquartiere auf. Die jungen Teichmolche beginnen jetzt einen neuen Lebenszyklus, indem sie ihr Atmungssystem auf das Landleben umstellen. Sie wandern an flachen Uferböschungen aus dem Wasser und suchen sich ihre Verstecke unter immergrünen Teichrandpflanzen, Holzstücken, Steinen usw.

Mit dem Herbst kommt auch eine neue Belastungsphase, in welcher der Gartenteich als Ökosystem seine Fähigkeit zur Selbstregulierung zeigen muß. Durch die Verrottung der Pflanzen aus der Schwimmblatt- und Uferregion sowie durch herangewehtes Fallaub entstehen am Grund des Teiches große Mengen Faulschlamm. Daraus resultiert eine verstärkte Produktion von Ammoniak, wobei gleichzeitig die Sauerstoffproduktion durch Wasserpflanzen zu dieser Zeit des Jahres am niedrigsten ist. Trotz dieser Tatsachen kommt es im Herbst in der Regel nicht zu Sauerstoffschwund, wenn der Gartenteich unter Berücksichtigung bestimmter ökologischer Zusammenhänge angelegt wurde.

Im nun folgenden Kapitel wird unter anderem beschrieben, inwiefern die Lage und Größe des Gartenteiches seine Sauerstoffversorgung beeinflussen können.

Auf eine Beschreibung der chemischen Umsetzungsprozesse im Detail kann jedoch im Rahmen dieses Buches nicht eingegangen werden. Die im Literaturverzeichnis aufgeführte Literatur von Engelhardt und auch Jorek kann dem hieran interessierten Leser nähere Auskünfte geben.

2 Lage und Größe eines Gartenteiches

Ein häufiger Fehler bei der Anlage von Gartenteichen ist die falsche Standortwahl.

Viele Teichbauer lassen sich lediglich von den vorhandenen Gegebenheiten leiten und planen ihren Gartenteich in die volle Sonne oder in den Schatten umgebender Bäume. Wenn nicht gerade von vornherein optimale Standortbedingungen für ein Gartengewässer gegeben sind, sollte man diese auf jeden Fall schaffen oder besser ganz auf den Bau eines ökologisch orientierten Gartenteiches verzichten. Denn die Lage sowie auch die Größe eines Gartenteiches können sich nachhaltig auf die Stabilisierung des biologischen Gleichgewichtes auswirken. Bei einem Gartenteich der bezüglich Lage und Größe völlig falsch ausgelegt ist, wird sich kaum eine Harmonie der Lebewesen untereinander einstellen. Was nun die Lage anbelangt, so würden in einem allseitig besonnten Teich die Wasserpflanzen sicherlich gut gedeihen. Eine starke Konkurrenz zu den Wasserpflanzen bilden dann jedoch die lichthungrigen Algen, die in Verbindung mit intensiver Sonneneinstrahlung und schneller Überwärmung ein »Umkippen« des Gewässers bewirken können.

Andererseits bietet ein Gartenteich im Dauerschatten auch keine sinnvolle Alternative. Liegt ein Teich im Schatten, stellt sich das Pflanzen- und Tierleben im Frühjahr nur allzu langsam ein und wird auch bis zum Herbst seinen Höhepunkt nicht erreichen.

Den goldenen Mittelweg ergibt deshalb ein Ort, der täglich etwa sechs Stunden besonnt ist.

Um dies zu erreichen, wird bei der Anlage eines Gartenteiches die Verwendung von höheren Gehölzen im näheren Teichbereich notwendig. Bei der Gestaltung des Teichrandes ist darauf zu achten, daß die Gehölze auf der von der Hauptwindrichtung abgewandten Seite des Gartenteiches gepflanzt werden. Durch Beachtung dieses Gestaltungshinweises kann vermieden werden, daß im Herbst Unmengen von Fallaub ins Teichwasser gelangen. Eine Anreicherung von Fallaub im Teich würde – wie bereits erwähnt - zu einer Eutrophierung und damit verbundener Veralgung führen.

Dennoch sollte man sich nicht von dem Gedanken leiten lassen, vorzugsweise Nadelbäume an den Teichrand zu pflanzen, um so negative Erscheinungen durch Fallaub zu vermeiden. Auch hier ist die Pflanzenauswahl ein wichtiger Aspekt, da sich standortgerechte Gehölze im Teichbereich positiv auf das gesamte Ökosystem auswirken: also eine bevorzugte Verwendung von Gehölzen, die auch am natürlichen Standort an Gewässern stehen wie z. B. Erlen, Weiden und Sumpfbirken.

Falls trotzdem Probleme durch herangewehtes Fallaub – beispielsweise aus Nachbargärten – auftreten, kann das Überspannen des Teiches mit einem Netz verhindern, daß allzu viel Laub ins Wasser gelangt.

Neben dem Standort im Garten, sind auch die umliegende Landschaft und die Nachbargärten für das spätere Leben im Gartenteich von Bedeutung. Man spricht in diesem Zusammenhang von einem ökologischen Verbundsystem. Sind in benachbarten Gärten bereits vollentwickelte Gartenteiche vorhanden, oder

Abb. 1: Gartenteich mit Gehölzen auf der windabgewandten Seite

befinden sich Tümpel und Weiher in der näheren Umgebung, so ist die selbständige Ansiedlung verschiedener Tierarten weitaus einfacher, als dies inmitten einer ökologisch verarmten Landschaft der Fall wäre.

Laut statistischen Berichten gibt es in der Bundesrepublik Deutschland mittlerweile eine Million Gartenteiche. Bei einer anhaltenden Nachfrage nach Gartenteichen, wird das für viele Tierarten so wichtige, ökologische Verbundsystem weiter ausgebaut.

In den meisten Gebieten ist bereits eine Zuwanderung – zumindest der noch häufig vorkommenden Amphibienarten – zu erwarten. Voraussetzung hierfür sind entsprechend der Lebensansprüche verschiedener Tierarten strukturierte Gartengewässer.

Bleibt eine selbständige Ansiedlung erwünschter Tierarten aus, sollten künstliche Ansiedlungsversuche nur dann vorgenommen werden, wenn der Teich an eine für die entsprechende Tierart geeignete umliegende Landschaft angebunden ist. So darf keinesfalls Amphibienlaich in Gartenteiche eingebracht werden, die sich inmitten einer Stadtlandschaft befinden, ohne daß ein ökologisches Verbundnetz vorhanden ist. Das instinktive Abwandern nach der Umwandlung zum erwachsenen Tier, würde für viele Amphibien den sicheren Tod bedeuten.

Ein ökologisches Verbundsystem ist auch für viele andere wasserbezogene Tierarten von großer Wichtigkeit. Gerade Libellen wie die Blaugrüne Mosaikjungfer *(Aeshna cyanea)* suchen auf ihren Überlandflügen Kleinstgewässer zur Paarung und Eiablage auf. Durch die Zerstörung vieler Kleingewässer ist das Verbundnetz lückig geworden; Libellenarten, die vor Jahren noch häufig vorkamen, sind deshalb mittlerweile in weiten Gebieten Deutschlands ausgestorben. Naturgemäße Gartenteiche können dazu beitragen dieses gestörte

System auf lange Sicht zu reparieren und vielen Tieren einen neuen Lebensraum bieten.

Grundsätzlich sei hier nochmals darauf hingewiesen, daß der Standort eines Gartenteiches auch im Hinblick auf die weiträumige Landschaftsstruktur Beachtung finden muß. Nur bei einer Berücksichtigung bestimmter Naturgesetze kann eine künstliche Ansiedlung von Tieren im Gartenteich erfolgen. Wichtige Gesetzmäßigkeiten werden in diesem Zusammenhang im faunistischen Teil dieses Buches beschrieben.

Was die Größe eines Gartenteiches anbelangt, so gilt grundsätzlich: je größer, desto besser.

Ein großer Gartenteich scheitert jedoch häufig an der vorhandenen Fläche oder aus finanziellen Gründen.

Damit ein biologisch funktionierender Gartenteich entstehen kann, sollte die Wasserfläche mindestens 8–10 m^2 und die Tiefe auf etwa der Hälfte der Wasserfläche einen Meter betragen.

Ein Unterschreiten der genannten Mindestwasserfläche wäre falsch. Ein wichtiger Grundsatz – flach abfallende Ufer bis auf eine Mindesttiefe von einem Meter – könnte dann nicht eingehalten werden. An steilwandigen Becken würden im Laufe der Zeit zahlreiche Tiere wie Igel, Spitzmäuse usw. ertrinken.

Die Mindesttiefe muß ebenso berücksichtigt werden, damit der Gartenteich im Winter nicht durchfrieren kann. Grundeis würde für eine Vielzahl von Lebewesen den sicheren Tod bedeuten.

Bei kleineren als den angegebenen Mindestmaßen, ist auch die Gefahr einer sommerlichen Überwärmung sehr groß. Eine Überwärmung führt zwangsweise zu Sauerstoffschwund und damit zum »Umkippen« des Gartenteiches.

Gerade kleinere Gartenteiche sind gegenüber Eingriffen von außen (z. B.: Fischbesatz, Fütterung ...) besonders empfindlich. Solche nachträglichen Eingriffe können die Harmonie der Lebewesen beeinträchtigen und damit das biologische Gleichgewicht labilisieren.

Wer die genannten Mindestmaße eines Gartenteiches aus Platzgründen nicht einhalten kann, hat die Möglichkeit andere Varianten des naturnahen Wassergartens zu verwirklichen.

Sumpfgärtlein: Ein Sumpfgärtlein kann beispielsweise schon auf einer Fläche von 3 m^2 angelegt werden. Bei einer Wassertiefe von 0–50 cm wird sich natürlich hier eine weitaus spärlichere Lebensgemeinschaft einstellen als im Gartenteich.

Moortümpel: Eine weitere Möglichkeit auf kleiner Fläche ist die Anlage eines Moortümpels. In Folienwannen von etwa 2 m^2 fügen sich die flachen Moortümpel gut in kleine Gärten ein. Bei Berücksichtigung der entsprechenden Bodenverhältnisse lassen sich viele der selten gewordenen Moorpflanzen ansiedeln. In Spezialbetrieben werden deshalb vermehrt Sonnentau-Arten *(Drosera sp.),* Fettkraut *(Pinguicula vulgaris),* Knabenkraut-Arten *(Dactylorhiza, Orchis)* Frauenschuh-Arten *(Cypripedium sp.)* und andere, für die Liebhaber kleiner Moorgärtchen kultiviert.

Feuchtwiese: Als weitere Spielart des Wassergartens sei noch die Feuchtwiese erwähnt. Damit der natürliche Charakter einer Feuchtwiese erhalten bleibt, ist die Anlage auf größerer Fläche zu empfehlen. Etwa 30 cm tief verlegt man eine Teichfolie und füllt danach mit Bodengrund auf. Durch das Einlassen von Wasser sollen ständig feuchte Bodenverhältnisse gewährleistet sein. Nach der Graseinsaat können in der Feuchtwiese auch Sumpfdotterblumen, Kuckuckslichtnelken und andere einheimische Pflanzen der Feuchtwiesen angepflanzt werden.

Eine Feuchtwiese eignet sich besonders gut in Kombination mit einem naturgemäßen Gartenteich.

3 Technik beim Bau eines Gartenteiches

Dem zunehmenden Interesse vieler Gartenbesitzer für Gartenteiche ist es zu verdanken, daß die Technik in diesem Bereich in den letzten Jahren wesentlich verbessert wurde.

Ohne besondere technische Vorkenntnisse ist jeder interessierte Naturfreund in der Lage, sein eigenes Feuchtbiotop im Garten zu errichten. Dennoch fällt es bei einer Fülle von Angeboten schwer, die jeweils richtigen Baumaterialien bzw. technischen Hilfsmittel auszuwählen.

Entscheidende Faktoren, wie Untergrundbeschaffenheit, Größe des Gartenteiches und Standort sollten dabei individuell Beachtung finden.

Unterschiedliche Ausgangssituationen werden im folgenden dargestellt und die jeweils beste technische Lösung in kurzen Worten erläutert.

Bereits beim Aushub des Gartenteiches können erste Probleme auftreten. Soll ein großer Gartenteich ausgegraben werden, kann dies – vor allem bei schweren Böden – sehr mühselig sein. Andererseits ist das Ausgraben von Hand auch die schonendste Art und Weise – der übrige Gartenteil wird nicht beeinträchtigt, Bodenverdichtungen werden vermieden. Wird der Aushub mit einem Bagger vorgenommen, können bei unsachgemäßer Handhabung starke Schäden der Bodenstruktur in weiten Bereichen des Gartens die Folge sein. Um derartige Bodenverdichtungen auszuschließen, sollte man Kleingeräte mit geringer Bodenpressung einsetzen. Solche »Minibagger« finden vielerorts im Landschaftsbau ihre Anwendung und sind auf Gartenbedingungen abgestimmt.

Bei kleineren Gartenteichen dagegen empfiehlt es sich, nach Markierung der gewünschten Teichform, die Fläche wiederholt aufzufräsen und dann den feinkrümeligen Teichaushub unmittelbar für die Modellierung der Randzonen zu verwenden.

Nachdem der Teich vollständig ausgehoben, die Modellierung der verschiedenen Zonen abgeschlossen ist, müssen die Teichwände und der Teichboden geglättet sowie spitze Steine und andere scharfe Gegenstände entfernt werden. Bevor man nun die verschiedenen Baumaterialien verarbeitet, ist eine schützende Sandschicht (ca. 4 cm) auf die gesamte Teichfläche aufzutragen.

Baumaterialien und deren Verarbeitung

Folien

Teichfolien werden heute in verschiedenen Ausführungen von unterschiedlicher Qualität angeboten.

Aufgrund der Einfachheit der Verarbeitung und dem relativ günstigen Preis wurden Gartenteiche aus Mauerwerk oder armiertem Beton durch Folienteiche weitgehend verdrängt.

Damit sich der Gartenfreund über mehrere Jahrzehnte an seinem Gartenteich erfreuen kann, sollten nur Folien in bester Qualität und ausreichender Stärke verwendet werden. An dieser Stelle zu sparen wäre völlig falsch. Nichts ist enttäuschender als ein Gartenteich,

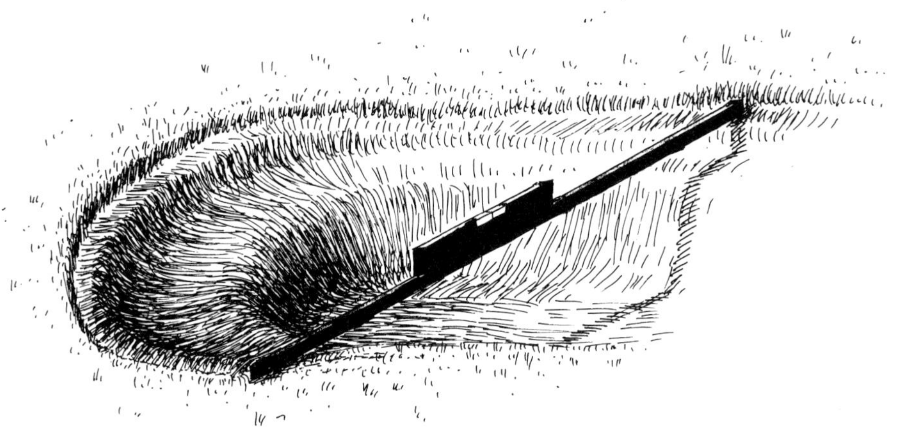

Zeichng. 1: Mit Hilfe einer Wasserwaage und einer Dachlatte läßt sich ein waagerechter Teichrand erreichen. Wichtig, damit das Wasser nicht an verschiedenen Stellen aus dem Teich läuft

der durch Verwendung mangelhafter, billiger Teichfolien nach kurzer Zeit undicht wird.

Die meistverwendeten Teichfolien aus Polyvinylchlorid (PVC) werden heute in Stärken von 0,5 bis 2 mm angeboten. Um dem Risiko des Undichtwerdens entgegenzutreten, kommen für den Gartenteich nur Stärken von 1 bis 2 mm in Frage. Als zusätzliche Sicherheitsmaßnahme ist – vor allem bei steinigem Untergrund – das Einlegen eines Schutzvlieses unter die Teichfolie empfehlenswert.

Beim Kauf der Teichfolie muß in jedem Fall eine absolute Korrosions-, Reiß- und Frostbeständigkeit sowie eine Wurzelfestigkeit und UV-Stabilität garantiert sein.

Polyäthylen-Folien erfüllen viele dieser Qualitätskriterien nicht, sie sind deshalb für den Bau von Folienteichen ungeeignet.

Von vielen Kunststoffolien können für Gartenteiche nur zwei verschiedene Materialien empfohlen werden, die bereits erwähnten PVC-Folien und die sog. ECB-Folien. Die seltene Verwendung der ECB-Folien ist auf ihren hohen Preis und die etwas schwierige Verarbeitung zurückzuführen. ECB-Folien werden mit einem Bitumenzusatz hergestellt und zeichnen sich durch eine besonders hohe Belastbarkeit aus.

Die meist anthrazitfarbenen oder grünlichschwarzen PVC-Folien sind neben ihrer hohen Haltbarkeit, leicht zu verarbeiten und relativ preisgünstig in der Herstellung.

Was die Verarbeitung der PVC-Folien anbelangt, so können zum einen fertig verschweißte Folien in beliebigen Größen hergestellt werden, zum anderen ist der Bezug von Folienbahnen zum Selbst-Verschweißen möglich.

Zur Ermittlung der benötigten Abmessungen von Teichfolien ist die Verwendung eines Bandmaßes sinnvoll. Man mißt mit diesem Meßinstrument Länge wie Breite von einer Oberkante zur anderen. Zu den ermittelten Maßen sind zusätzlich nochmals ca. 50 cm Überlappung hinzuzurechnen. Aus diesen Werten kann dann problemlos die gesamte benötigte Folienfläche errechnet werden.

Bei kleineren Gartenteichen ist es sinnvoll, nach genauen Abmessungen, die gesamte fertig verschweißte Folie zu bestellen. Diese auf Sondermaß angefertigten Folien sind nur wenig teurer als Folienbahnen, die im teilweise recht aufwendigen Kaltschweißverfahren selbst verschweißt werden müssen.

Beim Einlegen der Folie in den Teich entstehen zwangsläufig Falten, die allerdings keinen negativen Einfluß auf die Haltbarkeit der Folie

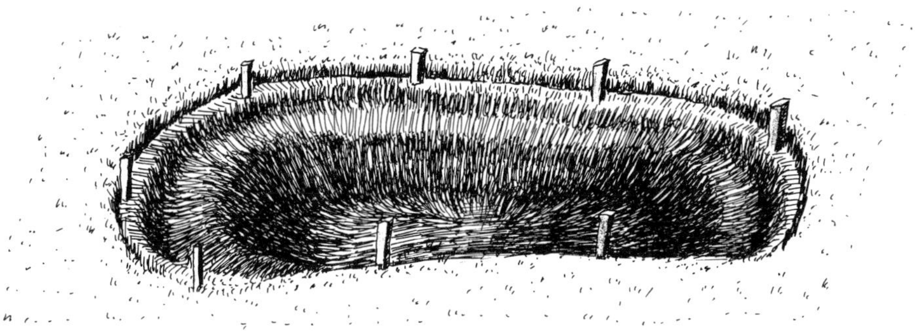

Zeichng. 2: Ausgehobener Gartenteich vor dem Einlegen der Teichfolie

haben. Durch das Abdecken mit Erde und den Wasserdruck werden die Falten an die Teichwände gedrückt und somit von außen unsichtbar. Die Verwendung von Folienbahnen wird bei großen Teichen notwendig; es muß an Ort und Stelle verschweißt werden. Ab einer gewissen Größe sind vorgefertigte Teichplanen zu schwer und bereiten außerdem Probleme bei der Herstellung. In solchen Fällen wird man am besten die benötigte Folienfläche in Form von ca. 1,50 m breiten Folienbahnen bestellen und selbst verschweißen. Abgesehen vom Arbeitsaufwand, kann das Verschweißen der Teichfolie im Kaltschweißverfahren mit etwas Geschick von jedem Gartenbesitzer durchgeführt werden.

Um einen sicheren Erfolg zu erzielen, sollte das Verschweißen nur bei trockenem, am besten sonnigem Wetter durchgeführt werden. Die Folienbahnen werden dabei auf eine saubere, ebene Fläche ausgebreitet. Zum Verschweißen benötigt man nun Quellschweißmittel, einen Flachpinsel und Flüssigfolie zur zusätzlichen Nahtsicherung.

Da bei der Verarbeitung vieler Quellschweißmittel gesundheitsschädliche Dämpfe entstehen, sollte das Verschweißen möglichst im Freien, nicht in geschlossenen Räumen stattfinden.

Während des Verschweißens ist darauf zu achten, daß die Bahnen an jeder Stelle mindestens 4 cm überlappen. Das Quellschweißmit-

Zeichng. 3: Vor dem Einbringen der Erde und dem Einleiten des Wassers werden die Folienränder mit Steinen beschwert

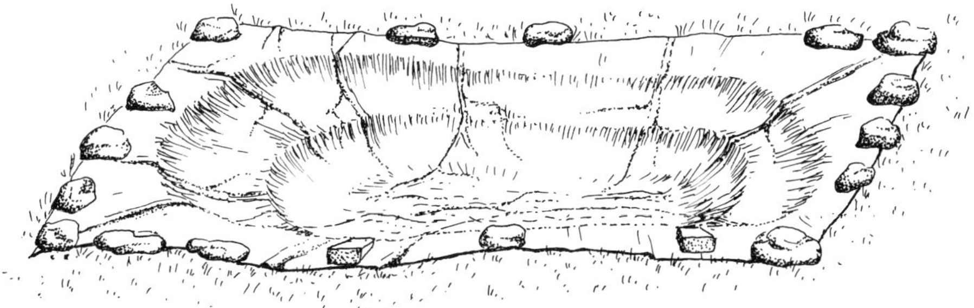

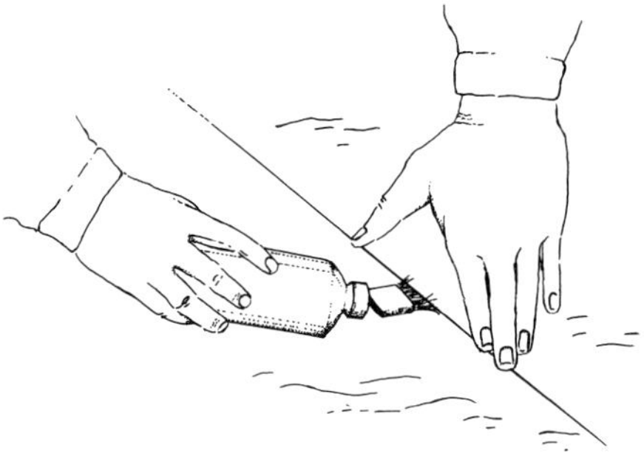

Zeichng. 4: Schweißvorgang der Teichfolie mit Kaltschweißmittel

tel wird mit dem Flachpinsel auf beide Folien aufgetragen, und anschließend wird die Nahtstelle zusammengedrückt und mit einem glatten Gegenstand kurzzeitig beschwert. Um hunderprozentig dichte Nähte zu bekommen, wird zur zusätzlichen Nahtsicherung nochmals Flüssigfolie aufgetragen. Nach Beendigung dieses Arbeitsvorganges zieht man die verschweißte Teichfolie in den Gartenteich; die Modellierung und Bepflanzung kann beginnen.

Wer seine Teichfolie bereits ausgelegt im Gartenteich verschweißen möchte, benötigt ein Heißluftgerät. Mit diesem werden im sog. thermischen Schweißverfahren die Oberflächen der beiden Folien soweit erhitzt, bis sie flüssigklebrig werden. Da das thermische Schweißverfahren einige Fachkenntnis voraussetzt, sollte es nach Möglichkeit vom Fachmann durchgeführt werden.

Nach dem Verschweißen, der Modellierung und Bepflanzung der Tiefenzonen, werden die Folienränder möglichst unsichtbar in die Erde eingearbeitet. Bei flacher Einarbeitung der Folie zum anschließenden Gartenbereich entsteht eine Sogwirkung; d.h. es wird ständig Wasser vom Gartenboden aus dem Teich gesaugt. Die Übergänge zum restlichen Teil des Gartens wären fließend, es könnte sich eine Vegetation, wie am natürlichen Feuchtstandort ausbreiten. Der Nachteil liegt in den hohen Wasserverlusten aufgrund der Sogwirkung. Ein häufiges Nachfüllen von Wasser wäre, insbesondere bei kleineren Gartenteichen unerläßlich. Bei einem künstlichen Zulauf, beispielsweise über eine Regenrinne, würde sich dieses Problem erübrigen. Dennoch auftretende geringe Wasserstandsschwankungen werden von den meisten Wasserpflanzen gut vertragen und stellen auch für das übrige Leben im Gartenteich keinerlei Schädigung dar.

Bei der Verwendung von Regenwasser sei darauf hingewiesen, daß Auffangvorrichtungen wie Dachflächen, Regenrinnen usw. gelegentlich gründlich zu reinigen sind. Rußablagerungen, Laub, Abrieb von der Dachfläche u.a. Schmutzstoffe könnten, mit dem Regenwasser in den Teich gelangt, zu einer gefährlichen Belastung des Gartenteiches führen.

Eine Möglichkeit Wasserverluste lediglich auf die Verdunstung zu beschränken, ist das bündige Abschließen der Folie mit dem Wasserspiegel. Die Folienränder können hierbei mit Gestaltungselementen, wie Steinen, Eisenbahnschwellen u.a. abgedeckt werden. Ein lükkenloser Vegetationsgürtel zum restlichen Teil des Gartens ist dann allerdings nicht möglich. Bei richtiger Pflanzenauswahl im anschließenden trockeneren Bereich lassen sich dennoch wirkungsvolle Übergänge schaffen.

Zeichng. 5: Zur zusätzlichen Nahtsicherung wird Flüssigfolie auf die Nahtstellen aufgetragen

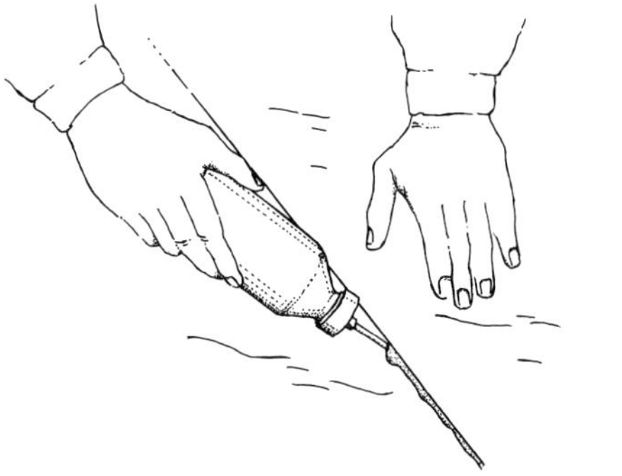

Fertigbecken

Auch Fertigbecken aus glasfaserverstärktem Polyester sind insbesondere für kleine Gartenteiche geeignet. Der sehr hohen Haltbarkeit dieses Baumaterials steht ein relativ hoher Preis gegenüber.

Häufig angebotene, steilwandige Polyesterbecken sind zwar für Wasserpflanzen geeignet, eine Lebensgemeinschaft kann hier jedoch nicht entstehen. An den steilwandigen Fertigbecken würden innerhalb kurzer Zeit zahlreiche Tiere, wie Igel, Spitzmäuse u. a. ertrinken.

Auch bei der Verwendung von Fertigbecken sollte man auf flache Beckenränder zum Ein- und Auswandern von Wassertieren achten. Beim Kauf solcher Fertigbecken sind die gleichen Qualitätskriterien wie für Teichfolien zu berücksichtigen. Außerdem muß garantiert sein, daß keinerlei Substanzen vom Material an das Teichwasser abgegeben werden.

Beton

Noch vor einigen Jahren war Beton ein häufig verwendetes Baumaterial für Gartenteiche.

Betonteiche sind vergleichsweise schwer herzustellen und recht teuer in der Herstellung. Sie wurden deshalb weitgehend durch Folienteiche ersetzt. Nur bei fachmännischer Verarbeitung sind Betonanlagen dauerhaft und können die Anforderungen eines ökologisch orientierten Gartenteiches erfüllen.

Ton

Wegen der arbeitsaufwendigen Verarbeitung wird Ton als Baumaterial für Gartenteiche kaum verwendet.

Nur wer den hohen Arbeitsaufwand nicht scheut und Ton in der näheren Umgebung beschaffen kann, ist in der Lage, mit diesem Baumaterial naturnahe Gartenteiche anzulegen.

Standorte, an denen Ton natürlicherweise ausreichend vorhanden ist – an denen man sozusagen nur zu graben braucht –, sind in Deutschland sehr selten. Man muß sich also meist Ton besorgen und den Gartenteich damit ausstampfen.

Um eine sichere Abdichtung zu gewährleisten, sollte die aufgetragene Tonschicht an allen Stellen mindestens 20 bis 30 cm stark sein. Verarbeitet wird der Ton erdfrisch; nach dem Auftragen der genannten Schicht wird er an die Teichwandungen gestampft. Abschließend wird die gesamte Fläche mit einer breiigen Tonschlämme überzogen und mit einer ca. 5 cm starken Kiesschicht bedeckt.

Um Risse zu vermeiden, sollte der Ton möglichst langsam antrocknen. Aus diesem Grund hält man die Tonfläche noch einige Tage feucht, indem bei sonnigem Wetter von Zeit zu Zeit überbraust wird. Erst dann kann mit der Modellierung der einzelnen Zonen und der Bepflanzung begonnen werden.

Ein Nachteil der Tonteiche ist die Gefahr einer Durchwurzelung der Teichwände, was dann zwangsläufig zu undichten Stellen führt. Gerade die Wurzeln vieler Gehölze des Teichrandes machen vor einer Tonwand sicherlich nicht halt. Sterben einzelne Wurzelteile nach einiger Zeit ab, so bleiben Sickerkanäle, die zu ständigen Wasserverlusten im Gartenteich führen.

Bei günstigen Standorten, d. h. mit natürlich vorkommenden hohen Tonanteilen im Boden, ist einem Tonteich dennoch aus ökologischen Gründen der Vorzug zu geben.

Sonstige technische Hilfsmittel und Einrichtungen

Der technische Aufwand an und in einem ökologisch orientierten Gartenteich soll möglichst gering sein. Was wir wollen, ist eine Lebensgemeinschaft, die nahezu ohne Technik und menschliche Eingriffe funktioniert.

Einige wenige technische Hilfsmittel können aber dazu beitragen die Lebensqualität, vor allem in kleineren Gartenteichen zu verbessern. So können beispielsweise auch Fehler bei der Anlage, beim Fischbesatz, bei der Düngung der Wasserpflanzen etc. durch Filteranlagen, Umwälzpumpen und andere Hilfsmittel ausgeglichen werden.

Sauerstoffpumpen

Aufgrund von Umsetzungsprozessen in Verbindung mit hohen Temperaturen kann es gerade in kleinen Gartenteichen zu Sauerstoffmangel kommen.

Die für Aquarien allgemein bekannten Belüftungspumpen, können in größeren Ausführungen auch für Gartenteiche Verwendung finden. Diese sog. Sauerstoff-Membran-Pumpen müssen an trockener Stelle gelagert werden, und bringen mittels eines Schlauches den Sauerstoff direkt in den Gartenteich. Sauerstoffmangel kann auf diese Weise schnell behoben werden. Allgemein sollte man beim Kauf von Sauerstoff- als auch Umwälzpumpen auf das VDE-Prüfzeichen achten. Elektrische Geräte mit diesem Zeichen erfüllen bestimmte Sicherheitsvorkehrungen, die gerade beim Betrieb im Garten unbedingt erforderlich sind.

Vor allem der Kinder wegen empfiehlt es sich, Pumpen mit kleineren Spannungen als 220 Volt zu verwenden.

Bezüglich der Installation können Fachgeschäfte konkrete Informationen für ihre jeweiligen Geräte geben. Auch beim Kauf sollte man sich eingehend über Sicherheitsmaßnahmen bei der Installation erkundigen.

Filteranlagen

Mit einer Filteranlage kann bei einer Nährstoffüberbelastung der Bodenmulm des Teichgrundes abgesaugt werden. Gleichzeitig sorgt eine Filteranlage für eine leichte Wasserbewegung und die Rückleitung von klarem, sauerstoffreichem Wasser.

Anstatt des Ansaugkorbes wird eine Filterpumpe mit dem passenden Filter versehen. Die Filterpatrone enthält eine Kunststoffmasse, in

Abb. 2: Ein kleiner Bachlauf zum Gartenteich - sinnvolle Alternative zu vielen, oft künstlich wirkenden Wasserspielen. (Randvegetation hier: Sumpfvergißmeinnicht *(Myosotis palustris),* Sumpfschwertlilie *(Iris pseudacorus),* Blutweiderich *(Lythrum salicaria)*)

der feine Schwebeteilchen hängen bleiben. Mit etwas handwerklichem Geschick kann man solche Filter auch selbst bauen.

Da die Filterpatronen schon nach kurzer Zeit viele Schmutzstoffe und Fäulniserreger enthalten, muß die Anlage möglichst ständig in Betrieb sein. In der verschmutzten Filterpatrone befindet sich reichlich Nitrat, aus dem nach kurzer Reaktionszeit giftiges Nitrit entsteht. Bei Betriebsstörungen oder beim Abstellen der Filteranlage sollten deshalb verschmutzte Filter sofort entfernt und gründlich gesäubert werden.

Die Reinigung der Filtermasse kann durch wiederholtes Spülen mit klarem Wasser erfolgen.

Filteranlagen und Sauerstoffpumpen dürfen jedoch nicht prinzipiell zum Inventar eines Gartenteiches zählen. Vielmehr sind bereits bei Anlage und Gestaltung eines Gartenteiches bestimmte Aspekte zu beachten, die den Einsatz technischer Hilfsmittel überflüssig machen.

Wasserspiele

Inmitten eines ökologisch orientierten Gartenteiches haben Wasserspiele meist einen störenden Einfluß auf die gesamte Lebensgemeinschaft.

Ein Gartenteich gehört zur Lebensgemeinschaft eines stehenden Gewässers, indem Pflanzen und Tiere an die arttypischen Lebensbedingungen angepaßt sind.

Das Plätschern eines Springbrunnens würde zwar die Sauerstoffversorgung positiv beeinflussen, doch viele Tierarten wären wegen des bewegten Wassers nach kurzer Zeit verschwunden. Bei ständigem Laufen eines Springbrunnens im Gartenteich könnte sich eventuell eine Lebensgemeinschaft fließender Gewässer entwickeln. Tiere der Flüsse und Bäche würden sich ansiedeln und andere Arten verdrängen.

Da man einen Springbrunnen jedoch in der Regel nur gelegentlich einschaltet, werden die häufig wechselnden Lebensbedingungen für viele Wasserbewohner zum Verhängnis. Die Einstellung einer stabilen Lebensgemeinschaft wird durch die drastische Änderung der jeweiligen Lebensbedingungen verhindert.

Wer dennoch nicht auf seine Wasserspiele verzichten möchte, kann in kleinen, vom Gartenteich getrennten Becken Springbrunnen durchaus wirkungsvoll im Garten integrieren.

Auch die Anlage eines kleinen Bachlaufes ermöglicht den vom Gartenteich getrennten Einbau von kleinen Wasserfällen, Quellsteinen und Springbrunnen. Mit einer Umwälzpumpe läßt sich ein solcher Minibach problemlos betreiben. Der Gartenbesitzer kann durch Unterbrechung des Bachlaufes mit den verschiedensten Wasserspielen seiner Phantasie freien Lauf lassen.

4 Der Bodengrund im Gartenteich und seine Auswirkung auf biologische Vorgänge

Ein häufig begangener Fehler bei der Anlage eines Gartenteiches ist die Verwendung eines Einfüllsubstrates mit zu hohem Nährstoffgehalt. Auf die spätere Entwicklung des Gartenteiches wirkt sich dies negativ aus. Ein zu reichhaltiges Nährstoffangebot führt neben dem verstärkten Algenwuchs, auch zu einer mangelhaften Ausbildung des Stützgewebes bei vielen Wasserpflanzen. Die Halme vieler Zypergräser, Süßgräser und Rohrkolbengewächse bleiben klein und neigen zum Abknikken. Bei solchen Erscheinungen wird ein Gewässer seine Fähigkeit zur Selbstregulation nur sehr zögernd zeigen. Bei anhaltender Nährstoffnachlieferung vom Bodengrund ans Teichwasser kann eine Massenentwicklung von Algen zum Absterben sämtlicher Unterwasserpflanzen führen. Die Ernährungsbeziehungen spielen bei derartigen Gegebenheiten eine wichtige Rolle.

Durch ein Mißverhältnis in der Nahrungskette wird die biologische Funktionsfähigkeit des Gewässerlebens auf eine Zerreißprobe gestellt. Die übergroße Produktion pflanzlichen Planktons muß von den sauerstoffzehrenden Bakterien abgebaut werden. Da im Sommer bei hohen Temperaturen das Sauerstoffangebot ohnehin knapp ist, kann eine rege Bakterientätigkeit zum »Umkippen« des Gartenteiches führen. Bestimmte Mikroorganismen arbeiten dabei solange, bis der Sauerstoff völlig verbraucht ist. Für Fische und andere Wassertiere ist dann jede Lebensgrundlage zerstört.

Die ersten Anzeichen eines »umgekippten« Gewässers erkennt man an Fäulnis, die mit einem Blubbern von giftigem Sumpfgas an der Oberfläche verbunden ist.

Neben dem Nährstoffgehalt ist auch die Zusammensetzung und Beschaffenheit der Erde von Bedeutung. Grundsätzlich bestimmt hierbei die einzubringende Vegetation, welches Substrat am besten geeignet ist. Für die Anlage eines reinen Hochmoortümpels benötigt man natürlich möglichst saures Material, zum Beispiel reinen Hochmoortorf.

Im Rahmen dieses Buches soll nun ein Anlagentyp behandelt werden, bei dem durch entsprechende Substratwahl ein möglichst vielfältiges Pflanzenangebot zur Verfügung stehen kann.

Es handelt sich hierbei um einen Gewässertyp, in dem sowohl säureliebende Gewächse (Wasserhahnenfuß, *Ranunculus aquatilis,* Schmalblättriger Rohrkolben, *Typha angustifolia,* Wasserfeder, *Hottonia palustris* ...) als auch kalkliebende Pflanzen (z.B. Tannenwedel, *Hippuris vulgaris,* Kanadische Wasserpest, *Elodea canadensis,* Zungenhahnenfuß, *Ranunculus lingua,* Pfeilkraut, *Sagittaria sagittifolia* ...), gleichermaßen gedeihen. Die Bedeutung des pH-Wertes wird in diesem Zusammenhang noch ausführlich beschrieben.

Bezüglich der Zusammensetzung des Einfüllsubstrates werden Substratschichtungen unterschiedlicher Beschaffenheit in das vorgefertigte Teichbecken eingebracht.

Die erste Schichtung aus Lehmerde mit geringem Sandanteil sollte in einer Stärke von mindestens 3 cm auf die gesamte Teichfolie aufgetragen werden. Durch diese Schicht mit relativ bindigem Material soll einem möglichen Abrutschen des Substrates von den Uferböschungen vorgebeugt werden. Anschließend wird dünn mit saurem Quarzsand abgestreut. Nach der Schaffung dieser Grenzschicht trägt man auf die gesamte Teichfläche Schwarztorf in einer Stärke von 3 bis 8 cm auf. Die Dicke dieser Schicht hängt insbesondere von der chemischen Zusammensetzung des Wassers ab, das nach Fertigstellung des Teiches eingefüllt wird. Nähere Hinweise werden in diesem Zusammenhang im nachfolgenden Abschnitt gegeben.

Bevor das eigentliche Pflanzsubstrat aufgetragen wird, streut man die Fläche nochmals mit saurem Quarzsand ab.

Als Pflanzsubstrat eignet sich ein Gemisch aus Torf, Sand und Lehmerde, wobei der Lehmanteil keinesfalls unter 60% liegen sollte. Ein lehmiger Boden gibt den Wasserpflanzen einen besseren Halt und hat ein höheres Nährstoffspeicherungsvermögen im Vergleich zu sandigen Substraten.

Die Schichtdicke des Pflanzsubstrates richtet sich nach der einzubringenden Vegetation und sollte auf die verschiedenen Lebensbereiche des Gartenteiches abgestimmt sein. In der Schwimmblattzone in der Seerosen und Unterwasserpflanzen ihre Verwendung finden, ist diese Substratschicht in einer Stärke von 15 bis 25 cm aufzutragen. Bei kleineren Teichen empfiehlt es sich, Seerosen und andere Schwimmblattpflanzen in Körbe zu pflanzen. Hierdurch wird es möglich, das Pflanzsubstrat in einer dünneren Schicht aufzutragen. Ein Herausnehmen der Seerosen zum Teilen der Rhizome und nachträglichem Düngen bereitet somit ebenfalls wenig Schwierigkeiten.

In Bereichen, in denen vorwiegend kalkliebende Pflanzen wie Tannenwedel, Schwanenblume u.a. Verwendung finden, wird man das Pflanzsubstrat ebenfalls in einer Stärke von 15 bis 25 cm auftragen. Beim Pflanzen des Tannenwedels in ein saures Substrat würde sich

Zeichng. 6: Die Substratschichten im Gartenteich: 1 = Sand; 2 = Pflanzsubstrat; 3 = Sand; 4 = Schwarztorf; 5 = Sand; 6 = Lehm; 7 = Teichfolie

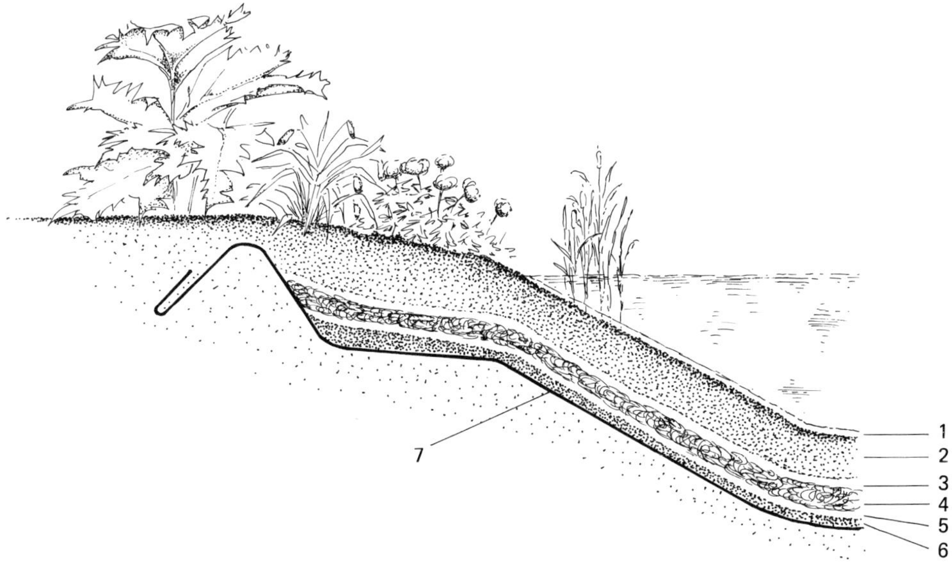

bei dieser Pflanze ein nur mangelhaftes Stützgewebe ausbilden und dadurch die Triebe schlaff überhängen.

Andererseits pflanzt man säureliebende Pflanzen wie die Wasserfeder, in eine möglichst dünne Schicht des lehmhaltigen Substrates, damit diese Pflanzen mit dem sauren Schwarztorf in Berührung stehen. Auch beim Schwarztorf wird sich zwar im Laufe der Jahre ein neutraler pH-Wert einstellen, jedoch ein für diese Pflanzen schädliches alkalisches Milieu, wird in reinem Schwarztorf sicherlich nicht auftreten. Um einem Aufwirbeln feiner Bodenpartikel und damit verbundener Trübung des Teichwassers vorzubeugen, wird zu guter Letzt auf das Pflanzsubstrat nochmals eine dünne Schicht Quarzsand aufgetragen.

Nach dem Auftragen all dieser Schichtungen kann nun mit der Bepflanzung des Gartenteiches begonnen werden.

Bei Beachtung der genannten Hinweise wird man sicherlich dazu beitragen, die erste kritische Phase des Anwachsens zu erleichtern und spätere biologische Vorgänge in eine stabilisierende Richtung lenken.

Nährstoffgehalt des Einfüllsubstrates

Wie sich der Nährstoffgehalt des Einfüllsubstrates auf spätere biologische Vorgänge auswirkt, wurde bereits aufgezeigt. Die Frage welches Einfüllmaterial bezüglich seines Nährstoffgehaltes am besten geeignet ist, ist bisher jedoch noch offen geblieben.

Auch hier ist die einzubringende Vegetation von besonderer Bedeutung.

Wasserpflanzen oligotropher Gewässer (z. B. Kleine Teichrose, *Nuphar pumila*, Zwerg-Igelkolben, *Sparganium minimum* u. a.) benötigen weit weniger Nährstoffe als Pflanzen eutropher Gewässer (z. B. Seekanne, *Nymphoides peltata*, Weiße Seerose, *Nymphaea alba*, Tannenwedel, *Hippuris vulgaris* u. a.). Wie aus den wenigen Beispielen hervorgeht, spielen Pflanzen eutropher, also nährstoffreicher Gewässer, bei unserem Anlagentyp eine dominierende Rolle, denn nur wenige Gartenbesitzer möchten doch auf ihre Seerosen im Gartenteich verzichten.

Wenn wir nun von einem eutrophen Gewässer sprechen, heißt das jedoch noch lange nicht nährstoffreiches Einfüllmaterial verwenden zu müssen. Nach wie vor gilt der Grundsatz, möglichst nährstoffarmes Substrat, vor allem bezüglich des Nährstoffes Phosphat, zu verwenden. Auch jahrelang brach liegender Gartenboden enthält noch genügend Phosphat, um das Teichwasser unnötig hoch damit anzureichern. Da der Teich meist mit Wasser aus dem örtlichen Leitungsnetz aufgefüllt wird, gelangen schon hierdurch ausreichende Mengen Phosphat und anderer Nährstoffe in den frisch angelegten Gartenteich. Anfänglich auftretende »Wasserblüten« sind deshalb trotz Verwendung eines nährstoffarmen Einfüllsubstrates meist nicht zu vermeiden. Solche »Wasserblüten« verschwinden, sobald sich die Vegetation geschlossen hat, und stellen keinerlei Schädigungen für das Gewässerleben dar.

Während der Anwachsphase ist der Nährstoffgehalt – selbst der starkzehrenden Wasserpflanzen – relativ gering. Die im nährstoffarmen Substrat und im Wasser enthaltenen Nährstoffe reichen in jedem Fall aus; der Anwachsprozeß wird sogar begünstigt.

Die Verwendung eines Pflanzsubstrates mit hohem Tongehalt ist bezüglich des Nährstoffspeicherungsvermögens am besten geeignet. Hierbei läßt sich vielerorts der Teichaushub aus tieferen Schichten als geeignetes, nährstoffarmes Einfüllsubstrat verwenden. Dies gilt natürlich nur, sofern es sich nicht gerade um gedüngtes Gartenland handelt. Ist das entsprechende Einfüllmaterial nicht unmittelbar vorhanden, so läßt sich tonhaltiges, nährstoffarmes Einfüllsubstrat in der Regel leicht beschaffen.

Genaue Richtwerte der Nährstoffgehalte festzulegen wäre hier jedoch nicht sinnvoll, da äußere Einflüsse (Wasserqualität, Vegetation ...) von Ort zu Ort verschieden sind.

Falls im Laufe der Jahre Nährstoffmangelerscheinungen an einigen Wasserpflanzen auftreten, kann eine Nachdüngung problemlos durchgeführt werden. Eine solche Düngung, die nur bei Bedarf vorgenommen wird, ist jedenfalls einer Massenentwicklung von Algen

Abb. 3: Starkes Wachstum der Seerosen und die Bildung von Wasserlinsen sind typische Kennzeichen eines nährstoffreichen Gewässers

bei Verwendung zu nährstoffreicher Substrate vorzuziehen.

Die Nachdüngung geschieht am einfachsten, indem man Dünger (z. B.: Hornspäne, Nitrophoska Spezial u. a.) in feuchten Lehm knetet und diese »Düngerklumpen« in den Wurzelbereich bestimmter Wasserpflanzen absinken läßt. Noch besser wäre ein Eindrücken in den Bodengrund des Teiches. Die auszubringenden Düngermengen richten sich nach der Pflanzengröße und den Ansprüchen der jeweiligen Art. Hierbei können Angaben des Herstellers als Richtwerte dienen. Für die Düngung einer Seerose werden beispielsweise ein bis zwei Hände voll Hornspäne in der genannten Ausbringungsform verabreicht.

Abschließend sei hier noch erwähnt, daß sich ein Ausstreuen des Düngers direkt ins Teichwasser, negativ auf das gesamte Ökosystem auswirkt. Nährstoffe könnten dann unkontrolliert ins Teichwasser entweichen und würden unweigerlich zu einer Eutrophierung mit allen oben erwähnten Nachteilen führen.

pH-Wert des Einfüllsubstrates

Von großer Bedeutung in bezug auf eine starke Algenentwicklung ist – neben dem Nährstoffgehalt – der pH-Wert des Einfüllsubstrates. Auch in diesem Zusammenhang wirkt das Einfüllmaterial direkt auf den pH-Wert des Teichwassers.

Bei pH-Werten unter 6,9 im Teichwasser wird das Algenwachstum stark begrenzt, teilweise auch ganz eingestellt.

Durch Verwendung saurer Substratbestandteile, zum Beispiel Schwarztorf, Weißtorf, saurer Quarzsand ... und das Auftragen der genannten Schwarztorfschicht auf den Teichboden, wird man das Algenwachstum, vor allem in den ersten Jahren, wirksam in Grenzen halten.

Für die meisten Wasserpflanzen wirkt sich ein pH-Wert zwischen 5 und 6 kaum negativ aus. Lediglich Pflanzen, die vor allem zum Aufbau ihres Stützgewebes höhere pH-Werte benötigen, sind begrenzt in kalkhaltige Substrate zu pflanzen.

Wer Fische in seinem Gartenteich halten möchte, sollte ebenfalls pH-Werte über 6 anstreben.

Die Stärke der einzubringenden Schwarztorfschicht hängt unter anderem von dem pH-Wert des eingeleiteten Teichwassers ab. Messungen des pH-Wertes vor dem Einleiten des Wassers sind deshalb in jedem Fall anzuraten. Handelt es sich um Wasser mit niedrigem pH-Wert, so kann auf die säuernde Wirkung des Schwarztorfes ganz verzichtet werden. Zeigt das Einfüllwasser jedoch alkalische Reaktion, empfiehlt sich das Auftragen einer Schwarztorfschicht von ca. 8 cm.

Am günstigsten wäre, das meist neutrale Leitungswasser mit saurem Regenwasser zu mischen, um so auf den gewünschten pH-Wert zu kommen.

Die häufig geäußerte Vermutung, Schwarztorf könne sich in seiner Eigenschaft als organisches Material nachteilig auf das Gewässerleben auswirken, ist nicht ganz unberechtigt. Organisches Material wird, wie bereits beschrieben von sauerstoffzehrenden Bakterien abgebaut. Durch die Zersetzung des Schwarztorfes könnte es also im Laufe der Jahre zu Sauerstoffmangel kommen. Diese Feststellung würde sicherlich in einem pflanzenlosen Gewässer, nicht aber in einem mit Wasserpflanzen bewachsenen Gartenteich zutreffen.

In der ersten Phase bewirkt der Schwarztorf eine Ansäuerung des Teichwassers und unterdrückt damit die Algenbildung.

Einem eventuell auftretenden Sauerstoffmangel durch Abbau von Schwarztorf wirkt in der zweiten Phase eine sich schnell schließende, sauerstoffbildende Unterwasservegetation entgegen. Auch hier gilt es also, das gesamte System zu betrachten, in dem die vielseitigen Wechselbeziehungen der in einem Gewässer lebenden Organismen eine Rolle spielen.

5 Verfahren zur Bestimmung der Wasserqualität

An einigen Stellen dieses Buches wird vom Umkippen eines Gartenteiches, von Wasserblüten und von Eutrophierung gesprochen – Begriffe, die auf eine schlechte Wasserqualität bzw. zu hohe Nährstoffgehalte schließen lassen.

Die Überwachung und Qualitätskontrolle eines Gewässers kann auf einfache Weise auch von jedem interessierten Laien durchgeführt werden. Insbesondere die Messung der Temperatur, des pH-Wertes sowie die Ermittlung des Gehaltes an verschiedenen Nährstoffen können Aufschlüsse darüber geben, in welchem Zustand sich das Teichwasser befindet. Sollten sich die gemessenen Konzentrationen oder die Temperatur als nachteilig für das Gewässerleben herausstellen, so kann man durch entsprechende Gegenmaßnahmen das Gewässer vor größeren Schäden bewahren.

Da Gegenmaßnahmen wie beispielsweise die Senkung des pH-Wertes bei starkem Algenwachstum, die Einleitung von nährstoffarmem Regenwasser bei zu hohem Nährstoffgehalt, die Einbringung von sauerstoffproduzierenden Unterwasserpflanzen bei Sauerstoffmangel ... bereits beschrieben wurden, soll an dieser Stelle auf einfache Methoden zur Qualitätsbestimmung eines Gewässers hingewiesen werden.

Untersuchungsgeräte bzw. -sätze für den Einsatz an Gartenteichen müssen leicht handhabbar, möglichst genau in ihren Meßwerten und zuverlässig in der Anwendung sein.

Untersuchungssätze des VDSF/Merck erfüllen diese Anforderungen weitestgehend. Der VDSF (Verband Deutscher Sportfischer) liefert ein sogenanntes Compactlabor für Wasseruntersuchungen »vor Ort«. Bei einer Zusammenstellung vielfach bewährter Aquamerck-Schnelltests können damit Ammonium- (Ammoniak), Nitrit-, Kohlensäure- und Sauerstoffgehalte sowie pH-Wert und Carbonathärte des Teichwassers bestimmt werden.

Zu niedrigeren Preisen können Untersuchungssätze zur Bestimmung einzelner Komponenten bezogen werden.

Zur Untersuchung des Sauerstoffgehaltes im Wasser bietet der VDSF die Box »Sauerstoff« an. Nach dieser bewährten Methode ist die Messung des Sauerstoffgehaltes mit einer Genauigkeit von ± 0,1 mg/l möglich.

Die genaue Bestimmung des pH-Wertes kann zuverlässig mit dem vom VDSF angebotenen Satz »pH-Wert« durchgeführt werden.

Auch der Ammonium/Ammoniak Gehalt des Wassers kann mit verschiedenen Sätzen der Fa. Merck vom VDSF bezogen werden. Der Satz 11117 ist z. B. für einen Meßbereich von 0,5–10 mg/l geeignet.

Um den Nitratgehalt des Teichwassers zu ermitteln genügen im allgemeinen die Nitratmeßstäbchen der Fa. Merck mit einem Meßbereich von 10 bis 500 mg/l.

Schnellmethoden zur Bestimmung des Phosphatgehaltes im Teichwasser sind weniger zu empfehlen, da häufige Umschichtungen von Phosphat im Gartenteich eine repräsentative Aussage kaum zulassen.

Weitere Informationen über Meßmethoden, Verfahren der Gewässerbeurteilung und Preise sind bei der VDSF-Verlags- und Vertriebs-GmbH 6050 Offenbach/Main erhältlich.

Neben den chemischen Untersuchungsmethoden besteht auch die Möglichkeit der Gwässeruntersuchung auf biologischem Wege.

Durch das Vorhandensein oder Nichtvorhandensein bestimmter Tiere und Pflanzen, sogenannter Bioindikatoren, lassen sich wichtige Schlüsse auf die jeweilige Gewässergüte ziehen.

Steinfliegenlarven *(Plecoptera sp.),* die ihre gesamte Entwicklung im Wasser durchlaufen, deuten beispielsweise auf un- bzw. gering belastetes Wasser hin.

In Gartenteichen können bestimmte Libellenarten als Bioindikatoren herangezogen werden. Die unter Wasser lebenden Libellenlarven benötigen sauberes, sauerstoffreiches Wasser damit eine optimale Entwicklung gewährleistet ist.

Anzeiger für sehr stark verschmutzte Gewässer sind die bis 6 cm großen **Rattenschwanzlarven** *(Eristalomia sp.).* Ein teleskopartig ausfahrbares Atemrohr am Hinterleib ermöglicht den Rattenschwanzlarven die Aufnahme atmosphärischer Luft. Die Rattenschanzlarven benötigen deshalb keinen Sauerstoff im Wasser.

Da die biologische Gewässergütebestimmung meist eine sichere Gesamtaussage erlaubt, jedoch keine differenzierten Aussagen über die Art der Belastung liefert, ist eine Kombination von biologischen und chemischen Untersuchungsmethoden anzuraten.

Wer sich intensiver mit der Qualitätsbestimmung eines Gewässers befassen möchte, dem sei das im Literaturverzeichnis näher benannte Buch »Gewässergüte bestimmen und beurteilen« von Baur empfohlen.

6 Pflanzung der Sumpf- und Wasserpflanzen

Pflanzzeit

Für alle in Kontainern kultivierten Sumpf- und Wasserpflanzen ist den ganzen Sommer über Pflanzzeit.

Da einige Pflanzenarten jedoch im Mai noch nicht weit genug entwickelt sind, andere im September bereits Anwachsschwierigkeiten zeigen, könnte man die Monate Juni, Juli und August als optimal bezeichnen.

Wassertiefe

Sumpf- und Wasserpflanzen müssen auch im Gartenteich an Stellen gepflanzt werden, die den natürlichen Lebensansprüchen der einzelnen Arten entsprechen. Eine Berücksichtigung der optimalen Wassertiefe ist in diesem Zusammenhang von Bedeutung. Beim Kauf von Sumpf- und Wasserpflanzen sollten in jedem Fall Etiketten vorhanden sein, die auf die entsprechenden Wasserstandshöhen der jeweiligen Pflanzenarten hinweisen.

Im Tabellenteil dieses Buches sind die optimalen Wassertiefen einiger ökologisch wichtiger Pflanzenarten zusammengestellt. Die nahezu unerschöpfliche Fülle von Arten und Sorten erlaubt es jedoch nicht, die häufig recht unterschiedlichen Ansprüche in ein kompaktes Schema zu fassen. Gerade die Seerosen zeigen, in einer Vielzahl vorhandener Sorten, recht unterschiedliche Ansprüche an die Wassertiefe. So gibt es durchaus Seerosen, deren Optimalstandort bei 30 cm Wassertiefe liegt, andere – vor allem die starkwachsenden weißen Formen – benötigen dagegen Wassertiefen von 80 cm und mehr.

Werden Seerosen in zu tiefe Bereiche gepflanzt, reagieren sie meist mit geschwächtem Wuchs und können unter extremen Bedingungen sogar eingehen. Insbesondere bei Neuanpflanzungen dürfen Seerosen nicht zu tief gepflanzt werden. Helle und warme Stellen im Gartenteich begünstigen das Anwachsen dieser so beliebten Wasserpflanzen. Abhängig von der Pflanzenqualität wirkt auch bei den anderen Sumpf- und Wasserpflanzen ein anfangs etwas niedrigerer Wasserstand positiv auf den Anwachsprozeß.

Seerosen und andere Schwimmblattpflanzen verlieren hingegen bei extrem flachem Wasser ihr typisches Wuchsbild und leiden häufig an einer mangelnden Winterhärte. Blätter und Blüten wachsen aus dem Wasser heraus, bedrängen sich gegenseitig und können einander zum Absterben bringen.

Es ist also wichtig schon bei der Erstellung eines Pflanzplanes die Hinweise des Züchters bzw. Kultivateurs hinsichtlich der optimalen Wassertiefen für die Teichpflanzen zu beachten.

Pflanzenqualität

Damit ein Anwachserfolg sowie ein späteres Gedeihen der Pflanzen gewährleistet ist, sollte man grundsätzlich nur einwandfreies Pflanzenmaterial verwenden.

Den Qualitätsbestimmungen für Stauden des Bundes deutscher Staudengärtner ist es mitunter zu verdanken, daß heute auch Sumpf- und Wasserpflanzen in geprüften Fachbetrieben und Gartencentern in ausgezeichneter Qualität zu erhalten sind. Für jeden Naturfreund ist es selbstverständlich, daß eine Pflanzenentnahme aus Naturbeständen nicht erfolgen sollte. Viele unserer heimischen Sumpf- und Wasserpflanzen stehen ohnehin aufgrund des Artenrückganges bereits unter Naturschutz und dürfen schon deshalb unter keinen Umständen am Naturstandort entnommen werden.

Das reichhaltige Sortiment fachkundiger Gärtnereien bietet genügend Auswahl für die Anlage eines naturgemäßen Gartenteiches.

Um auch das Qualitätsbewußtsein beim Käufer zu fördern, werden im folgenden einige der Qualitätsbestimmungen des Bundes deutscher Staudengärtner aufgelistet:

► **Sumpfpflanzen** (z. B.: Schwanenblume, Sumpfschwertlilie, Tannenwedel ...): Sumpfpflanzen müssen einen gesunden Austrieb oder einen Alttrieb mit am Grund sichtbaren Knospen haben. Hochwachsende Arten, die im Topf kultiviert werden, müssen einen Ballen von mind. 400 cm^3 (ccm oder ml) Rauminhalt haben.

► **Niedrige und halbhohe Stauden, die nicht an den Trieben wurzeln** (z. B.: Sumpfdotterblume, Sumpfblutauge ...): Der Wurzelballen von in Töpfen kultivierten Pflanzen muß mindestens 400 cm^3 Rauminhalt haben. Bei Freilandpflanzen müssen gut ausgebildete Triebköpfe vorhanden sein.

► **Seerosen, starkwüchsige Arten und Sorten** (z. B.: *Nymphaea alba, Nymphaea marliaceae* ...): Es muß ein Stammstück von mindestens 6 cm Länge vorhanden sein. Das Stammstück muß gut sichtbare, kräftige Triebknospen oder eine der Jahreszeit entsprechende Anzahl von Blättern aufweisen. Der Rauminhalt der Kulturgefäße muß mindestens 1000 ccm betragen.

► **Seerosen, schwachwüchsige Arten und Sorten** (z. B.: *Nymphaea pygmaea* und Sorten, Nymphaea-Laydekeri-Sorten ...): Es muß ein Stammstück von mindestens 5 cm Länge vorhanden sein, das mit gut sichtbaren, kräftigen Triebknospen versehen ist. Die Kulturgefäße der Nymphaea-Laydekeri-Sorten müssen einen Rauminhalt von mindestens 500 cm^3, die der *Nymphaea pygmaea* einen Rauminhalt von mindestens 400 cm^3 aufweisen.

Die Qualitätsbestimmungen können Anhaltswerte für den Käufer beim Erwerb seiner Sumpf- und Wasserpflanzen sein. Unsicherheiten beim Kauf werden dadurch häufig ausgeräumt, und ein neues Qualtitätsbewußtsein wird geweckt.

Platzbedarf

Der Ausbreitungsdrang einiger Sumpf- und Wasserpflanzen kann gerade in kleinen Gartenteichen schnell zu Platznot führen. Schnellwachsende Seerosensorten können in wenigen Jahren die gesamte Wasserfläche bedecken und andere Pflanzen zum Absterben bringen. Schon vor der Bepflanzung sollte man sich deshalb Gedanken über die Wuchsstärke der einzelnen Arten und Sorten machen. In einem Gartenteich mit 20 m^2 reicht beispielsweise eine starkwachsende Seerosensorte (z. B.: *Nymphaea alba, Nymphaea* 'Marliaceae Rosea' ...) völlig aus. Daneben kann eine schwachwachsende Seerosensorte, wie *Nymphaea pygmaea* 'Alba', in einer flacheren Zone des Gartenteiches Verwendung finden. Wichtig ist, daß auch nach Jahren nur ca. ⅓ der Wasserfläche mit Schwimmblattpflanzen bedeckt ist. Der Wirkung der Bepflanzung, der lichtbedürftigen Unterwasservegetation und nicht zuletzt der Tierwelt im Gartenteich kommt die Beachtung dieser Platzverhältnisse zugute.

Eine Möglichkeit starkwüchsige Pflanzen auch in kleineren Gartenteichen anzupflanzen, ist die Verwendung von Pflanzkörben. Auch starkwachsende Seerosensorten lassen sich dann in ihrer Konkurrenzkraft eindämmen, und man rechnet mit einem Platzbedarf von etwa 1,5 m^2 Wasserfläche je Pflanze. Andere wuchernde Sumpf- und Wasserpflanzen, wie beispielsweise Rohrkolben, Hechtkraut und Sumpfseggen, lassen sich ebenfalls durch solche Pflanzbehälter in ihrem Ausbreitungsdrang begrenzen.

Die verschiedenen Unterwasserpflanzen zeigen ebenso ausgeprägte Konkurrenzverhältnisse wie Schwimmblatt- und Sumpfpflanzen.

Das Pflanzen in Körbe wäre allerdings sinnlos, da die meisten Unterwasserpflanzen innerhalb kurzer Zeit über den Rand des Pflanzgefäßes hinauswachsen würden. Damit sich die Unterwasserpflanzen nicht gegenseitig verdrängen, pflanzt man die einzelnen Arten in verschiedene Teile des Gartenteiches. Dazwischen können freie Flächen, die mit Kies oder großen Natursteinen bedeckt werden, eine gewisse Abgrenzung – zumindest für die ersten Jahre – schaffen. Nachdem die Pflanzen ungestört eingewachsen sind, können sie sich auch gegenüber stärkeren Pflanzen zumeist soweit behaupten, daß sie nicht völlig verdrängt werden.

Eine genaue Pflanzenzahl je m^2 anzugeben wäre bei den wenigsten Sumpf- und Wasserpflanzen sinnvoll. Die meisten dieser Pflanzen werden in kleinen Gruppen oder in Vergesellschaftung mit anderen Pflanzen ausgebracht. Hinsichtlich der Pflanzabstände können fachkundige Gärtnereien und Gartencenter beim Verkauf exakte Auskünfte zu den einzelnen Arten und Sorten geben.

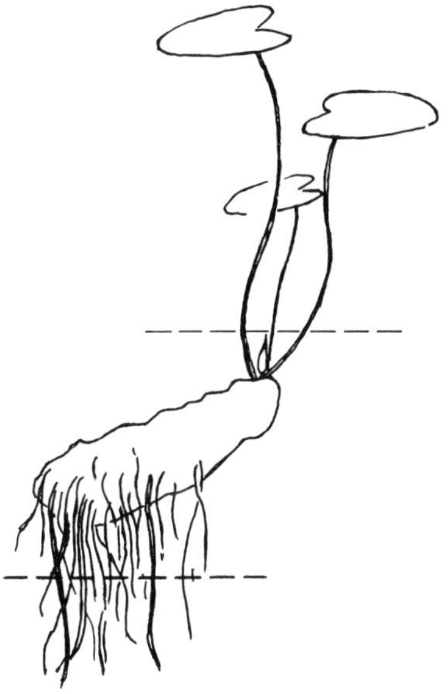

Zeichng. 7: Das Einkürzen der Wurzeln und Blätter wirkt sich positiv auf den Anwachsvorgang der Seerosen aus

Vorbereitungen vor der Pflanzung

Nach dem Erhalt der Sumpf- und Wasserpflanzen ist eine fachgerechte Behandlung der Pflanzen sowie eine richtige Vorbereitung des Pflanzvorganges besonders wichtig.

Falls eine Pflanzung nicht sofort möglich ist, können die Sumpf- und Wasserpflanzen einige Tage bei günstigen Bedingungen gelagert werden. Ein Austrocknen der Pflanzen ist in jedem Fall zu vermeiden, da sonst meist bleibende Schäden das Wachstum stark beeinträchtigen. Seerosen und andere Wasserpflanzen lagert man am besten in einem Wasserbecken an einer kühlen, schattigen Stelle. Kurz vor dem Pflanzen werden welke und abgeknickte Pflanzenteile entfernt. Beschädigte Pflanzenteile bilden meist Eingangspforten für verschiedene Krankheitserreger und können später die gesamte Pflanze schwächen oder gar zum Absterben bringen. Auch die Rhizome der Seerosen sind genau auf Faulstellen zu untersuchen. Ist ein Fäulnisherd vorhanden, so schneidet man diesen mit einem scharfen Messer unter glatter Schnittführung heraus. Danach wirkt sich eine Behandlung der Schnittstelle mit Holzkohle positiv auf den Wundverschluß aus.

Vor dem Pflanzen der Seerosen werden deren Wurzeln etwa 10 cm unter dem Rhizom beschnitten. Auch bei vielen anderen Sumpf- und Wasserpflanzen bewirkt der Wurzelschnitt eine verbesserte Wurzelneubildung, das Anwachsen wird erleichtert.

Was die Vorbereitung der Pflanzflächen anbelangt, so gelten allgemein die im Kapitel 4 über Bodenschichten im Gartenteich gemachten Angaben. Vor dem Pflanzen werden die Pflanzflächen noch mit einem Rechen modelliert – die Bepflanzung kann nun beginnen.

Der Pflanzvorgang

Prinzipiell sollten vor Beginn der Pflanzung alle im Pflanzplan eingezeichneten Pflanzen vorhanden sein. Es ist nicht zweckmäßig bestimm-

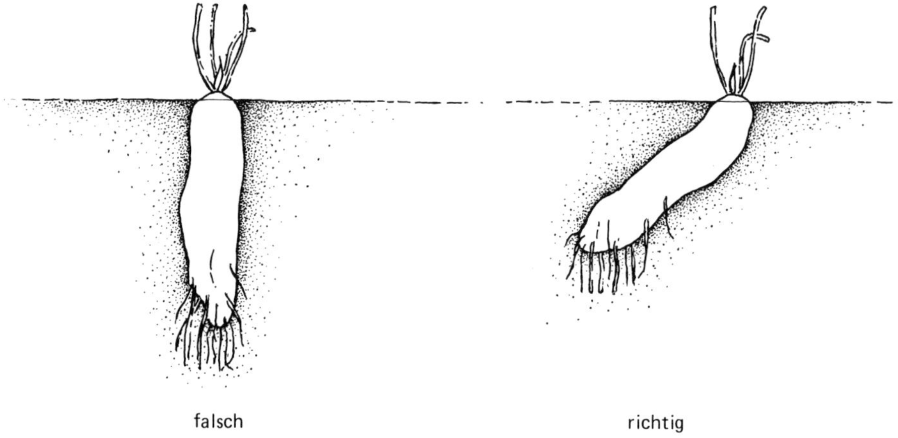

Zeichng. 8: Seerosenrhizome müssen schräg, entsprechend ihrer natürlichen Lage, eingepflanzt werden

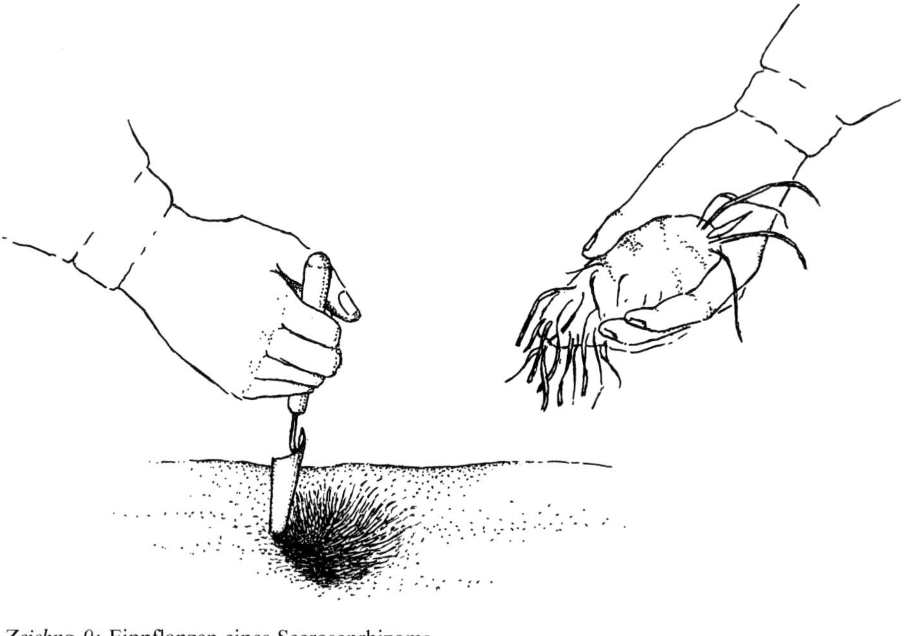

Zeichng. 9: Einpflanzen eines Seerosenrhizoms

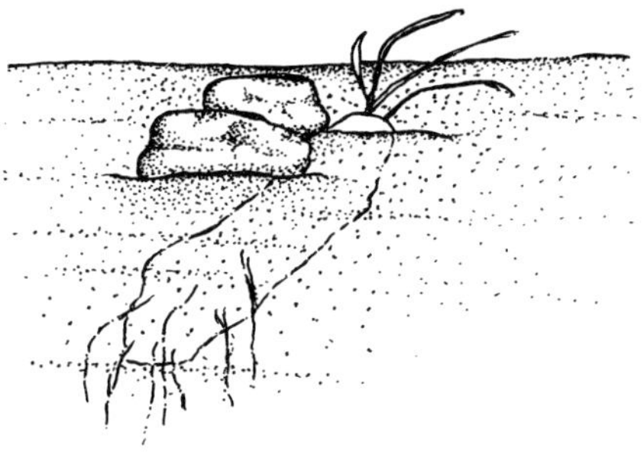

Zeichng. 10: Nachträglich auf die Pflanzstelle aufgelegte Steine verhindern das Aufschwimmen der Seerosenrhizome

te Pflanzen – aus welchen Gründen auch immer – erst nach Monaten in den Gartenteich einzubringen. Für diese Neuankömmlinge ist es dann meist schon zu spät; die eingewachsenen Pflanzen behaupten sich oft sehr schnell gegenüber den »Nachzüglern« und verdrängen diese oft schon nach kurzer Zeit. Falls zum gegebenen Zeitpunkt nicht alle Pflanzen im Fachhandel erhältlich sind, kann man eventuell bestimmte Bereiche des Gartenteiches gegenüber anderen Pflanzen abgrenzen, und zu einem späteren Termin die noch fehlenden Pflanzen auf die »unbesetzten« Stellen ausbringen.

Bei der Bepflanzung werden zuerst Schwimmblatt- und Unterwasserpflanzen ausgepflanzt; es wird von unten nach oben gearbeitet. Wichtig ist das rechtzeitige Einleiten von Wasser. Sobald die Tiefenzone bepflanzt ist, sollte man damit beginnen, um Trockenschäden an den empfindlichen Schwimmblatt- und Unterwasserpflanzen zu vermeiden. Da gerade die Bepflanzung von Gartenteichen während der warmen Jahreszeit stattfindet, ist die Gefahr von Trockenschäden besonders groß.

Um Wachstumsstockungen auszuschließen, ist ein fachgerechtes Einpflanzen – insbesondere bei den rhizombildenden Schwimmblattpflanzen – sehr wichtig.

Rhizome und Wurzeln müssen entsprechend ihrer natürlichen Lage in den Bodengrund gebracht werden. Man nimmt das Rhizom leicht schräg und legt es in die flache Pflanzgrube. Danach bedeckt man das Rhizom bis zu seinem oberen Ende mit Substrat und drückt leicht an. Bei unsachgemäß, häufig zu tief gepflanzten Seerosen kann ein kümmerlicher Austrieb die Folge sein.

Damit Schwimmblatt- und Unterwasserpflanzen nach dem Einleiten des Wassers nicht aufschwimmen können, empfiehlt es sich, die Pflanzstelle mit einem Stein zu beschweren oder die Pflanzen mit einem Drahtbogen im Boden zu verankern.

Alle anderen Sumpf- und Wasserpflanzen sind nicht sehr anspruchsvoll bezüglich des Pflanzvorganges. Wenn man die Pflanzen so einpflanzt, wie sie am vorherigen Standort gewachsen sind, wird sich bestimmt schon bald ein gutes Anwachsergebnis zeigen.

7 Gestaltung der einzelnen Zonen

Im nun folgenden Kapitel wird insbesondere auf die Gestaltung der Pflanzen für die jeweiligen Teichzonen sowie auf die Verwendung weiterer Gestaltungselemente eingegangen.

Als grundsätzliches Gestaltungsmerkmal von der bodenfeuchten Randzone bis zur Seerosen- oder Schwimmblattzone gilt es, die Ufer möglichst flach abfallen zu lassen. Um ein ungehindertes Ein- und Auswandern für die Wassertiere zu ermöglichen, sollte der Uferabfall zumindest in einigen Bereichen des Gartenteiches 1:6 betragen. In anderen Bereichen wäre ein Uferabfall im Winkel von 45° ausreichend, da bei einer Steigung, die nicht größer ist als 45°, ein Abrutschen des aufgetragenen Substrates vermieden wird.

Nur bei kleineren Gartenteichen wird man Kompromisse eingehen müssen, um auf die geforderte Mindesttiefe von einem Meter zu kommen. Hier kann die Steigung von der Seichtwasserzone zur Seerosen- oder Schwimmblattzone steiler gewählt werden. Von der bodenfeuchten Randzone bis zur Seichtwasserzone sollte man aus den genann-

Abb. 4 (gegenüber) Wirkungsvoll gestaltete Baumstämme in der bodenfeuchten Randzone bieten auch vielen Tieren Versteckmöglichkeiten

Zeichng. 11: Die Lebensbereiche der Ufer-, Sumpf-, und Wasserpflanzen (nach Wachter)

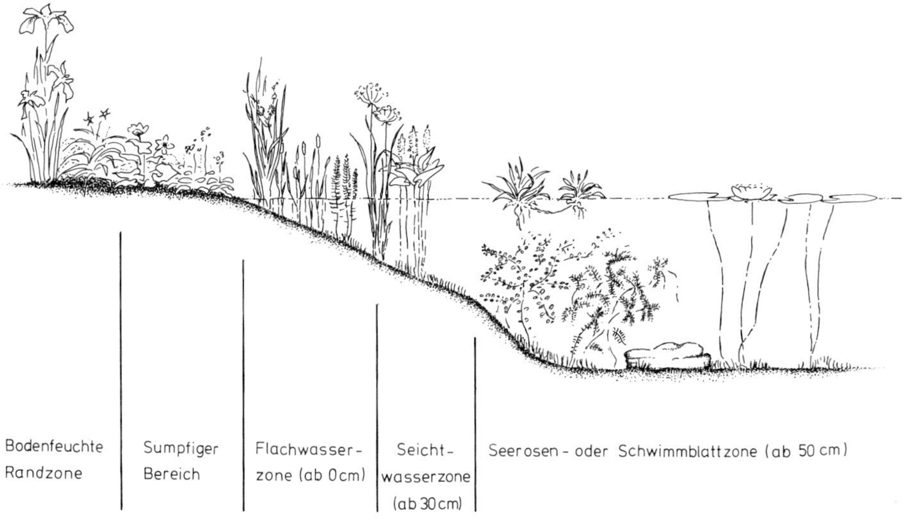

ten Gründen einen flachen Uferabfall einplanen.

Ein weiterer Gestaltungshinweis bezieht sich auf die Höhe der Uferpflanzen. Ein in diesem Zusammenhang häufig begangener Gestaltungsfehler ist die Verwendung von höheren Uferpflanzen, wie Rohrkolben, Schilfrohr, Blutweiderich und anderen, um den gesamten Teich herum. Jeder Wasserpflanzenkenner weiß, wie schnell sich beispielsweise in Gruppen gepflanzte Rohrkolbenbestände schließen und somit den Gartenteich für den Beobachter uneinsehbar machen. In den meisten Gärten sind Sitzgruppen, Pergolen und dergleichen vorhanden, von wo aus der Gartenbesitzer seinen Gartenteich überblicken möchte. Man sollte deshalb höhere Uferpflanzen auf die rückwärtige Seite des Gartenteiches pflanzen, um somit einen ungehinderten Blick auf die Wasserfläche zu ermöglichen.

Im Standortschema werden die einzelnen Lebensbereiche eines Gartenteiches dargestellt. Es handelt sich hierbei um eine rein schematische Darstellung, bei der die Übergänge fließend sind. Die angegebenen Wassertiefen müssen in der Praxis individuell an die vorhandenen Gegebenheiten angepaßt werden.

Die bodenfeuchte Randzone

Dieser Lebensbereich bildet einen Übergang zum gewachsenen Gartenboden. Genauer gesagt, beginnt die bodenfeuchte Randzone am äußersten Wasserrand und umfaßt den Bereich, in dem der Boden ganzjährig feucht ist.

Besonders in diesem wie im angrenzenden Gartenbereich sollten umfangreiche Versteckmöglichkeiten, vor allem für die bedrohten

Abb. 5: Holzstücke, Natursteine und Gräser – wichtige Gestaltungselemente der bodenfeuchten Randzone

Abb. 6: Sumpfdotterblume *(Caltha palustris)*

Lurche, geschaffen werden. Hohlräume unter Baumstämmen, Wurzeln und auch Steinen werden gern als Tages- und Winterquartiere angenommen. So halten sich beispielsweise die Erdkröte *(Bufo bufo)*, wie auch viele andere Amphibien, tagsüber in Verstecken auf und werden erst gegen Abend aktiv.

Zur Bepflanzung der bodenfeuchten Randzone stehen eine Vielzahl von Stauden und Gräsern zur Verfügung. Bei richtiger Gestaltung kann man einen lückenlosen Übergang zum restlichen Teil des Gartens erreichen.

Von den bodenbedeckenden Stauden eignen sich das Pfennigkraut *(Lysimachia nummularia)*, die Prachtspiere *(Astilbe chinensis* var. *pumila)* und die Laugenblume *(Cotula squalida)* besonders gut.

Das Sumpfvergißmeinnicht *(Myosotis palustris)* und die Sumpfdotterblume *(Caltha palustris)*, ermöglichen einen fließenden Übergang bis in die Flachwasserzone.

Als weitere heimische Stauden eignen sich die Sibirische Wieseniris *(Iris sibirica)*, die Spierstaude *(Filipendula ulmaria)*, der Blutweiderich *(Lythrum salicaria)* und andere hervorragend für die bodenfeuchte Randzone.

Auch nichteinheimische Arten wie das Greiskraut *(Ligularia sp.)*, die Dreimasterblume (Tradescantia – Andersoniana – Hybriden) sowie eine Vielzahl von asiatischen Primelarten können neben ihrer Schönheit dazu beitragen, eine biologisch funktionierende Lebensgemeinschaft zu schließen.

Weiterhin können Gräser in Verbindung mit Natursteinen und bizarren Holzstücken die Verstecke der Tierwelt vervollständigen und reizvolle Ruhepole am Gartenteich schaffen. Als Gräser für die bodenfeuchte Randzone eignen sich besonders gut: die Riesensegge *(Carex pendula)*, die Morgensternsegge *(Carex grayi)*, die Rasenschmiele *(Deschampsia caespitosa)* und das Plattährengras *(Uniola latifolia)*.

Abb. 7: Blutweiderich *(Lythrum salicaria)* und Mädesüß *(Filipendula ulmaria)*

Abb. 8: Morgensternsegge *(Carex grayi)*

Stauden für den sumpfigen Bereich

Der sumpfige Bereich oder die Sumpfzone bildet einen fließenden Übergang zur Flachwasserzone. Dieser Lebensbereich ist das ganze Jahr über mit Wasser gesättigt.

Die Pflanzen des sumpfigen Bereiches sind bereits durch das Aerenchym an diese staunassen Verhältnisse angepaßt. Beim Aerenchym dienen große Interzellularräume in den Stengel-, Blatt- und Wurzelgeweben der Durchlüftung und Luftspeicherung.

Auch die Breite der Sumpfzone ist sehr wichtig für unsere Gewässerfauna. Der sumpfige Bereich sollte zumindest an einigen Stellen 1 bis 2 Meter breit sein. Schmalere Sumpfzonen wirken meist unnatürlich und bieten einem Vogel kaum ausreichende Deckung. Bei richtig gestalteten ausreichend großen Sumpfzonen wird man vielleicht auch einmal auf einen Bruterfolg von Rohrsängern hoffen können. Wasservögel wie Zwergtaucher, Teich- und Bleßhühner benötigen dagegen für ihren Bruterfolg Röhrichtgürtel von mindestens 5 bis 20 Meter Breite. In einem Gartenteich wird

Abb. 9: Pflanzengesellschaft aus Sumpfdotterblume *(Caltha palustris)*, Fieberklee *(Menyanthes trifoliata)* und dem Kriechenden Günsel *(Ajuga reptans)*

Abb. 10: Ein Wasserlauf mit wirkungsvoller Vegetation bestehend aus Rosenprimel *(Primula rosea)*, Scheinkalla *(Lysichitum sp.)* und Engadin-Weide *(Salix hastata)* in der Sumpfzone

man deshalb die größeren Wasservögel kaum ansiedeln können.

Von den vielen Sumpfstauden seien hier nochmals die Sumpfdotterblume *(Caltha palustris)* und das Sumpfvergißmeinnicht *(Myosotis palustris)* erwähnt. Diese beiden einheimischen Stauden finden in der Sumpfzone ihren Optimalbereich und harmonieren sehr gut zusammen. Eine interessante ökologische Erscheinung kann man im Frühjahr auf den Blüten der Sumpfdotterblume beobachten: Kleine, metallisch grüne Falter ernähren sich vom Blütenstaub der Sumpfdotterblume. Es handelt sich dabei um *Micropteryx calthella,* eine der häufigsten, bei uns vorkommenden Urmotten. Am Sumpfvergißmeinnicht sieht man häufig Gitterwanzen, die auf diese Art anscheinend spezialisiert sind.

Als weitere Pflanzen für die Sumpfzone eignen sich:

Die Sumpfkalla *(Calla palustris),* das Blutauge *(Comarum palustre),* Wollgras-Arten *(Eriophorum sp.),* die Sumpfiris *(Iris laevigata),* der Blutweiderich *(Lythrum salicaria)* und die Bachbunge *(Veronica beccabunga).*

Höhere Arten wie das Reetgras *(Carex acutiformis),* das Zypergras *(Cyperus longus)* und der Zungenhahnenfuß *(Ranunculus lingua)* können spielend bis in tiefere Zonen hineinwachsen und bieten auch den Singvögeln Dekkung.

Die Flachwasserzone

Wie aus unserer Schemazeichnung hervorgeht (Zeichng. 11), reicht die Flachwasserzone bis zu einer Wassertiefe von 30 cm. Von diesem Bereich ausgehend beginnt im Frühjahr das Leben im Teich. Während der größte Teil des

Abb. 11: Eingewachsener Naturteich mit Breitblättrigem Rohrkolben *(Typha latifolia),* Mädesüß *(Filipendula ulmaria)* und Blutweiderich *(Lythrum salicaria)* in den Uferzonen

Gartenteiches noch zugefroren ist, beginnt hier eine rasche Erwärmung des Teichwassers. Für eine Vielzahl von Kleinlebewesen und auch für Grasfrösche, die hier im zeitigen Frühjahr ablaichen, ist dies von großer Bedeutung.

Bei der Gestaltung der Flachwasserzone sollte ebenfalls auf Vielfältigkeit unter Berücksichtigung ökologischer Aspekte geachtet werden. So sind auch hier Natursteine in verschiedenen Größen und Holzstämme willkommene Gestaltungselemente. Ein aus dem Wasser ragender, mit Moos bewachsener Holzstamm ist zum Beispiel ein ausgezeichneter Eiablageplatz für die Blaugrüne Mosaikjungfer *(Aeshna cyanea)*, eine der schönsten heimischen Großlibellenarten. Mit Natursteinen lassen sich bestimmte Bereiche des Teiches von Pflanzenbewuchs freihalten. Auch eine Abgrenzung der Pflanzengesellschaften untereinander kann mit Steinen naturgemäß gestaltet werden. Erwähnt sei auch die Funktion von Steinen als Unterschlupfmöglichkeit für viele der im Wasser lebenden Tiere.

Was die Pflanzenauswahl für die Flachwasserzone anbelangt, so gilt diese ebenfalls für die Seichtwasserzone. Viele Pflanzen der Flachwasserzone (z. B.: die Schwanenblume, der Rohrkolben, der Froschlöffel, das Pfeilkraut u. a.) wachsen sogar bis in die Seerosen- oder Schwimmblattzone hinein.

Im folgenden Abschnitt werden deshalb die geeigneten Pflanzen für Flachwasser- und Seichtwasserzone gemeinsam abgehandelt.

Die Seichtwasserzone

Dieser Bereich reicht bis zu einer Wassertiefe von 50 cm und bildet den Übergang zur Seerosen- oder Schwimmblattzone. Um dem Ausbreitungsdrang einiger Wasserpflanzen Einhalt zu gebieten, wird die Seichtwasserzone an bestimmten Stellen mit Steinen oder durch den Einbau von Stufen, gegenüber dem tieferen Teil des Gartenteiches abgegrenzt.

Folgende Pflanzen sind für die Seichtwasserzone und für die Flachwasserzone besonders gut geeignet:

Der Froschlöffel *(Alisma sp.)*, der Ästige Igelkolben *(Sparganium erectum)*, das Pfeil-

Abb. 12: Natürliche Ufervegetation bestehend aus Blutweiderich *(Lythrum salicaria)*, Breitblättrigem Rohrkolben *(Typha latifolia)* und der Teichbinse *(Eleocharis palustris)*

Abb. 13: Großer Naturteich mit ausgeprägten Ufer- und Schwimmblattzonen. (Ufervegetation: Blutweiderich *(Lythrum salicaria)*, Zungenhahnenfuß *(Ranunculus lingua)*, Breitblättriger Rohrkolben *(Typha latifolia)* und Seebinse *(Schoenoplectus lacustris)*)

Abb. 14: Die Seebinse *(Schoenoplectus lacustris)* am Ufer eines großen Naturteiches

Abb. 15: Schwanenblume *(Butomus umbellatus)*, Blutweiderich *(Lythrum salicaria)*, Sumpfschwertlilie *(Iris pseudacorus)* und Sumpfvergißmeinnicht *(Myosotis palustris)* bilden hier eine wirkungsvolle Uferzone

Abb. 16: Sumpfschwertlilie *(Iris pseudacorus* ‚Bad Schachen‘), im Hintergrund Blauer Himmelsleiter *(Polemonium caeruleum)* *(s. S. 47)*

kraut *(Sagittaria sp.)*, die Wasserminze *(Mentha aquatica)*, der Fieberklee *(Menyanthes trifoliata)*, die Sumpfkalla *(Calla palustris)*, der Tannenwedel *(Hippuris vulgaris)*, die Teichbinse *(Eleocharis palustris)*, die Schwanenblume *(Butomus umbellatus)*, der Rohrkolben *(Typha sp.)*, die Zwergbinse *(Juncus ensifolius)*, die Wasserschwertlilie *(Iris pseudacorus)*, der Zungenhahnenfuß *(Ranunculus lingua)*, die Simsen *(Scirpus sp.)* und andere.

Eine nordamerikanische Pflanze, die wichtige ökologische Funktionen erfüllt, ist das Hechtkraut *(Pontederia cordata)*. Bei dieser Pflanze ist die Wassertiefe ein wichtiger Aspekt, da hiervon ihre Winterhärte abhängt. Um eine völlige Winterhärte garantieren zu können, sollte das Hechtkraut auf eine Wassertiefe von 40 bis 50 cm gepflanzt werden. Durch diese Maßnahme wird zwar der Austrieb im Frühjahr etwas verzögert, dafür wird man ab Juni mit einer Blüte bis in den Herbst belohnt.

Die Seerosen- oder Schwimmblattzone

Die Seerosen- oder Schwimmblattzone reicht von 50 cm Wassertiefe bis in Tiefenregionen, wo kein Pflanzenwachstum mehr möglich ist. Wie der Name schon sagt, spielt hier die Seerose eine dominierende Rolle. Seerosen werden heute in einer Vielzahl von Arten und Sorten angeboten, die sich vor allem hinsichtlich Wuchsstärke, Blütenfarbe und Blütenform unterscheiden. Wildformen unserer heimischen Seerose, *Nymphaea alba*, sind nur noch selten erhältlich. Für viele Libellenarten, Wasserschnecken und andere Wassertiere sind natürlich auch die gezüchteten Formen der Seerose als Eiablagepflanzen geeignet.

Allgemein sind bei den Pflanzen der Schwimmblattzone Arten zu unterscheiden, die sich mit Hilfe ihrer Wurzeln im Bodengrund verankern und solchen, die freischwimmend ihre Nährstoffe direkt aus dem Wasser entnehmen.

Weiterhin unterscheidet man Schwimmblatt- und Unterwasserpflanzen. Unterwasserpflanzen befinden sich ganzzeitig unter Wasser, mit Ausnahme einiger Arten, bei denen die Blüte

Abb. 17: *Nymphaea* ‚Escarboucle', eine mittelstark wachsende Seerosensorte – Blütendurchmesser 12 cm

über dem Wasserspiegel erscheint (z. B.: der Wasserhahnenfuß, der Wasserschlauch u. a.). Auch bei den Unterwasserpflanzen gibt es freischwimmende (z. B. das Hornblatt, die Armleuchtergewächse, die Krebsschere u. a.) und in den Bodengrund wurzelnde Arten (z. B. die Rauhe Armleuchteralge, die Kanadische Wasserpest, das Tausendblatt, das Krause Laichkraut u. a.).

Auf Unterwasserpflanzen zu verzichten, wäre ein grundlegender Fehler, ein biologisches

Abb. 18: *Nymphaea* ‚Attraction' – Blütendurchmesser 20 cm

Abb. 19: *Nymphaea pygmaea* ‚Helvola', eine Zwergseerose – Blütendurchmesser 4 cm

Gleichgewicht würde sich dann kaum einstellen. Neben der Zierde eines dichten Unterwasserrasens erfüllen diese Pflanzen eine Vielzahl wichtiger ökologischer Funktionen. Durch ihre Assimilationstätigkeit versorgen sie das Wasser mit Sauerstoff und bieten der Unterwasserfauna zahlreiche Unterschlupfmöglichkeiten. Sind Unterwasserpflanzen günstigen Lebensbedingungen ausgesetzt, treten sie in Konkurrenz zu den Algen und können diese wirkungsvoll begrenzen. Besonders leistungsfähige Sauerstoffproduzenten sind das Krause Laichkraut *(Potamogeton crispus)*, der Wasserhahnenfuß *(Ranunculus aquatilis)* und die Kanadische Wasserpest *(Elodea canadensis)*.

Die Kanadische Wasserpest ist zudem eine Pflanze, die vor allem bei Fischnährtieren besonders beliebt ist.

Zu den Schwimmblattpflanzen zählen alle Wasserpflanzen, bei denen Pflanzenteile schwimmend auf der Wasseroberfläche aufliegen.

Als freischwimmende Art ist der Froschbiß *(Hydrocharis morsus-ranae)* von Bedeutung. Diese Pflanze bildet, wie viele andere Wasserpflanzen, im Herbst Überwinterungsknospen (Hibernakeln), die auf den Bodengrund sinken und dort überwintern. Der Name Froschbiß kommt von der Tatsache, daß Frösche diese Pflanze häufig nach kleinen Wassertieren absuchen.

Zeichng. 12: Bepflanzungsbeispiel für einen naturgemäßen Gartenteich

	Kupferbirke, *Betula albosinensis,*	Randbereiche
	Asch - Weide, *Salix cinerea,*	Randbereiche
	Seerose, *Nymphaea* 'Attraction',	Wassertiefe: 50 – 80 cm
	Zwergseerose, *Nymphaea pygmaea* 'Alba',	Wassertiefe: 20 – 35 cm
14	Riesensegge, *Carex pendula,*	BR
1	Schwanenblume, *Butomus umbellatus,*	Wassertiefe: 10 – 30 cm
2	Zwergrohrkolben, *Typha minima,*	Wassertiefe: 10 – 30 cm
3	Reetgras, *Carex acutiformis,*	Wassertiefe: 0 – 20 cm
4	Teichbinse, *Eleocharis palustris,*	Wassertiefe: 20 – 30 cm
5	Wasserdost, *Eupatorium cannabinum,*	BR – SS
6	Sibirische Wieseniris, *Iris sibirica,*	BR
7	Fieberklee, *Menyanthes trifoliata,*	Wassertiefe: 10 – 20 cm
8	Pfeilkraut, *Sagittaria sagittifolia,*	Wassertiefe: 20 – 40 cm
9	Blutweiderich, *Lythrum salicaria,*	Wassertiefe: 0 – 20 cm
10	Zungenhahnenfuß, *Ranunculus lingua,*	Wassertiefe: 20 – 30 cm
11	Rasenschmiele, *Deschampsia caespitosa,*	BR
12	Wasserminze, *Mentha aquatica,*	Wassertiefe: 20 – 30 cm
13	Sumpfschwertlilie, *Iris pseudacorus,*	Wassertiefe: 0 – 30 cm
	Efeu, *Hedera helix,*	Gehölzunterpflanzung
	Gedenkmein, *Omphalodes verna,*	Gehölzunterpflanzung
	Pfennigkraut, *Lysimachia nummularia,*	BR – SS
	Frauenmantel, *Alchemilla mollis,*	BR
	Sumpfvergißmeinnicht, *Myosotis palustris,*	Wassertiefe: 0 – 10 cm
	Rosenprimel, *Primula rosea,*	BR – SS
	Kanadische Wasserpest, *Elodea canadensis,*	U
	Tannenwedel, *Hippuris vulgaris,*	Wassertiefe: 20 – 30 cm
	Kriechender Günsel, *Ajuga reptans* 'Atropurpurea',	BR
	Morgensternsegge, *Carex grayii,*	BR
	Sumpfdotterblume, *Caltha palustris,*	Wassertiefe: 0 – 10 cm
	Krebsschere, *Stratiotes aloides,*	S
	Ähriges Tausendblatt, *Myriophyllum spicatum,*	U
	Hornblatt, *Ceratophyllum demersum,*	U
	Kreuzkraut, *Ligularia clivorum,*	BR
	Kreuzkraut, *Ligularia przewalskii,*	BR
	Ungarwurz, *Waldsteinia ternata,*	Gehölzunterpflanzung

Abkürzungen :

S	=	Schwimmblattpflanze
U	=	Unterwasserpflanze
BR	=	Bodenfeuchte Randzone
SS	=	Stauden für den sumpfigen Bereich

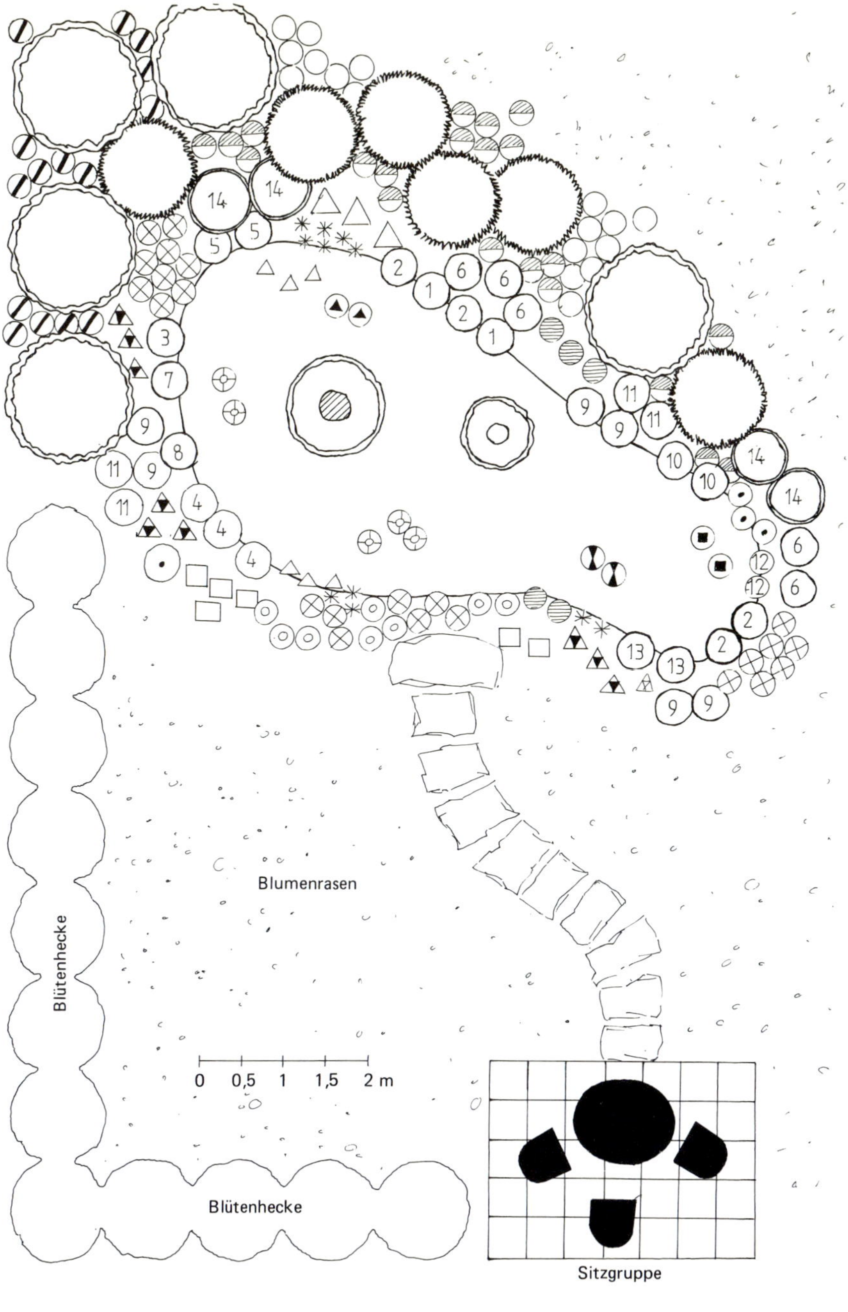
14
14
14
14
5
5
3
7
9
8
11
9
11
4
4
4
2
1
6
6
2
6
1
9
11
9
11
10
10
6
12
12
6
2
2
13
13
9
9
Blumenrasen
Blütenhecke
Blütenhecke
0 0,5 1 1,5 2 m
Sitzgruppe

Abb. 20: Seerose *(Nymphaea* ‚Marliacea Carnea') und Krebsschere *(Stratiotes aloides)* in der Seerosen- oder Schwimmblattzone. Im Hintergrund der Fieberklee *(Menyanthes trifoliata)* als Bestandteil einer üppigen Ufervegetation

Bei den festwurzelnden Schwimmblattpflanzen sind neben den Seerosen vor allem die Gelbe Teichrose *(Nuphar lutea)*, die Seekanne *(Nymphoides peltata)* und das Schwimmende Laichkraut *(Potamogeton natans)* zu empfehlen.

Die Ansprüche hinsichtlich der Wassertiefe sind, wie bereits erwähnt, von Art zu Art recht unterschiedlich. Auf Etiketten des Kultivateurs bzw. Züchters ist auf die optimale Wassertiefe der einzelnen Arten und Sorten hingewiesen.

Die Modellierung der Tiefenzone erfolgt mit Substrat, wobei einzelne große Natursteine und Kiesbänke eine wirkungsvolle Abwechslung zwischen den grünen Unterwasserpflanzen bringen.

8 Faunistische Beobachtungen am Gartenteich

Die vielseitigen Beziehungen zwischen Pflanzen und Tieren lassen sich nur schwer in ein geordnetes System gliedern. Dennoch muß ein System vorhanden sein, was auch die ›Erklärung für das Bestehen des biozönotischen Gleichgewichtes zwischen der Tier- und Pflanzenwelt auf der Erde‹ nach dem Ökologen A. F. Thienemann bestätigt.

So vielgestaltig die Beziehungen zwischen Pflanzen und Tieren in ihrer Gesamtheit auch sind, lassen sich doch einzelne Bestandteile des komplexen Systems untergliedern, um damit das Verständnis weitreichender Zusammenhänge zu erleichtern.

Ein einfaches Beispiel gegenseitiger Hilfe zwischen Pflanzen und Tieren ist die Blütenbestäubung durch Insekten. Die Pflanze dient dem Insekt als Nahrungsquelle, das Insekt hilft der Pflanze bei der Arterhaltung, indem es den Blütenstaub auf andere Blüten überträgt. Bei anderer Betrachtungsweise ist die Pflanze Produzent, das Tier dagegen Konsument 1. Ordnung, weil es die von den Pflanzen erzeugten Stoffe und deren gespeicherte Energie direkt nutzt.

Es handelt sich also hier um den Bestandteil einer Nahrungskette, die zum Nahrungskreislauf führt. Das Verständnis für den gesamten Nahrungskreislauf ist wiederum nur möglich durch das sinnvolle Zusammensetzen der Nahrungskette.

Die Tatsache, daß viele Tierarten auf bestimmte Pflanzenarten spezialisiert sind oder solche bevorzugen, ist allgemein bekannt. Durch Beachtung der noch wenig erforschten Beziehungen von Tieren zu bestimmten Pflanzen ist es möglich speziell für den Gartenbereich Pflanzenarten auszuwählen, die von verschiedenen Tierarten bevorzugt werden. Bei manchen Tierarten geht die Spezialisierung sogar soweit, daß ohne bestimmte Pflanzenarten ihr Überleben nicht möglich ist. Durch Verwendung solcher Pflanzen läßt sich ein Refugium für Tiere schaffen, wie es in der Natur immer seltener anzutreffen ist.

Die folgenden Beobachtungen und Forschungsergebnisse sollen dazu beitragen, die Ansiedlung einer biologisch aktiven Fauna im Gewässerbereich zu ermöglichen.

Insekten

Bei einer Vielzahl von Wasserinsekten leben vor allem die Larvenstadien unter Wasser. Die Vollinsekten oder Imagines dagegen leben vorwiegend außerhalb des Wassers, zeigen aber dennoch meist Beziehungen zum Gewässer, bzw. der Gewässervegetation.

Wenn manche Arten auch den Lebensabschnitt als Imago fernab von Gewässern verbringen, so kehren sie doch spätestens zur Eiablage wieder zurück zum feuchten Element.

Verschiedene Käfer- und Wanzenarten verbringen ihre gesamte Entwicklung unter Wasser. Zu den bekanntesten Arten zählen hierbei der Gelbrand, der Kleine Furchenschwimmer, der Wasserskorpion, die Stabwanze und der Rückenschwimmer. Diese Insekten sind zwar durchaus in der Lage das Wasser zu verlassen, sie suchen jedoch nach kurzer Zeit wieder das gleiche oder ein anderes Gewässer auf. So sind die flugfähigen Gelbrandkäfer und Ruderwanzen durchaus dazu befähigt, ihr Heimatgewässer von Zeit zu Zeit zu wechseln. Vor allem während der Herbstmonate suchen sich diese Arten pflanzenreiche Überwinterungsteiche, um ihren Sauerstoffbedarf decken zu können. Die Wichtigkeit der Unterwasservegetation wird hierdurch nochmals verdeutlicht.

Neben den vielen reizvollen Wasserinsekten, wie Wasserkäfer, Libellen usw., gibt es jedoch auch eine Reihe von Insektenarten, die im Garten weniger gern gesehen sind. So hat die Angst vor einer Unmenge von Stechmücken schon manchen Gartenbesitzer von der Anlage eines Gartenteiches zurückgehalten.

Stechmücken, Seerosenzünsler, Seerosenblattkäfer und andere unbeliebte Insekten werden bei richtiger Anlage eines Gartenteiches wirksam in Grenzen gehalten. Insbesondere durch eine entsprechende Pflanzenauswahl werden Tiere gefördert, die solche unerwünschten Insekten auf ein erträgliches Maß begrenzen.

Wie schön und nützlich zugleich Insekten als Bestandteil eines Ökosystems sein können, wird im folgenden Abschnitt »Libellen«, anhand von Bildern und Beschreibungen dargestellt.

Libellen

Die Ordnung der Libellen (Odonata) gliedert sich in zwei deutlich verschiedene Unterordnungen: die Großlibellen (Anisoptera) und die Kleinlibellen (Zygoptera).

Die Vertreter beider Unterordnungen ernähren sich von Stechmücken, Eintagsfliegen, Blattläusen, Motten, Frosch- und Fischlaich und anderen Wassertieren; selbst eigene Artgenossen werden dabei nicht verschmäht.

Abb. 21: Imago einer Großlibelle (hier: Heidelibelle)

Abb. 22: Imago einer Kleinlibelle (hier: Weidenjungfer)

Aufgrund ihrer Gefräßigkeit tragen vor allem Libellenlarven dazu bei, Stechmücken bereits während ihrer Larvenentwicklung unter Wasser wirksam zu begrenzen.

Als räuberische Wassertiere sowie als Nahrung für größere Fische sind Libellenlarven ein wesentliches Glied in der Lebensgemeinschaft des Süßwassers.

In jedem Gewässertyp sind, abhängig von Vegetation, Struktur und Wasserqualität, eine bestimmte Anzahl von Libellenarten vorhanden. In bezug auf die Wassergüte spielen Libellen eine wichtige Rolle als Bioindikatoren.

Mit der Vielfalt verschiedener Pflanzenarten, der naturgemäßen Ufergestaltung sowie mit einer guten Wasserqualität steigt auch die Anzahl verschiedener Libellenarten.

Da von unseren 80 einheimischen Libellenarten bereits zwei Drittel auf der Roten Liste stehen, sind Ansiedlungsbemühungen durchaus im Sinne des aktiven Naturschutzes. Strukturreiche Gartenteiche können bis zu 40 Libellenarten als Lebensraum dienen.

Die umliegende freie Landschaft ist natürlich auch von Einfluß auf die Anzahl der Libellenarten, die sich später im Gartenteich ansiedeln werden. In einer Landschaft, in der noch viele Libellenarten vorkommen, werden sicherlich bald Gartenteiche von den verschiedenen Libellen aufgesucht. Trotzdem ist auch in reinen Stadtgebieten mit der selbständigen Ansiedlung verschiedener Libellenarten in einem naturgemäßen Gartenteich zu rechnen. Viele Libellenarten unternehmen oft weite Überlandflüge und suchen selbst in dicht besiedelten Gegenden nach Kleingewässern, die sich zur Paarung und Eiablage eignen. Das sogenannte ökologische Verbundsystem wurde in diesem Zusammenhang bereits erwähnt. Was die Größe eines Gartenteiches bezüglich der Ansiedlung verschiedener Libellen anbelangt, so gilt auch hier: je größer, desto besser. Das heißt jedoch nicht, daß kleine Gartenteiche für Libellen ungeeignet wären. Lediglich die Anzahl verschiedener Arten wird sich in kleinen Teichen in einem begrenzten Rahmen halten. In großen Gartenteichen kann durch die vielgestaltige Einrichtung ökologischer Nischen speziell auf die Ansprüche einzelner Arten eingegangen werden. Um einige der Habitat-Spezialisten unter den Libellen ansiedeln zu können, ist es wichtig, den artspezifischen Lebensraum nachzuahmen. Sinnlos wäre es jedoch, in einem kleinen Gartenteich durch Einbringen standortfremder Pflanzen Hochmoor- oder Seelibellen ansiedeln zu wollen.

Eine deutliche Spezialisierung zeigen viele Libellenarten vor allem bei der Eiablage. Die Auswahl bestimmter Eiablagepflanzen ist hierbei von großer Bedeutung. Sämtliche Kleinlibellen sowie einige Arten der Großlibellen legen ihre Eier in lebendes oder totes Pflanzengewebe ab.

Dabei legen Kleinlibellen während ihres Lebens 100 bis 400 Eier, Edellibellen sogar bis zu mehreren tausend Eiern.

Libellen legen ihre Eier so ab, daß die schlüpfenden Larven ungehindert ins Wasser gelangen können. Auf diese Weise ist ihr Überleben gesichert. Viele Libellenarten legen ihre Eier allerdings auch direkt im Wasser ab, so daß diese erste kritische Phase für die Larven von vornherein nicht gegeben ist.

Die Larvenentwicklung erfolgt ausschließlich unter Wasser und kann, je nach Art, Wassertemperatur, Nahrungsangebot und Tageslänge, wenige Monate bis zu mehreren Jahren dauern.

Die Unterlippe der Libellenlarven ist zu einer sogenannten Fangmaske umgebildet, mit der die recht gefräßigen Larven ihre Beute blitzschnell ergreifen können. Libellenlarven sitzen meist in Lauerstellung zwischen Wasserpflanzen und ergreifen jedes Wassertier bis zu ihrer eigenen Körpergröße. Andererseits stellen Libellenlarven eine wichtige Nahrungsquelle für räuberische Wasserkäfer, Wasservögel und Fische dar.

Ist die Larvenentwicklung unter Wasser abgeschlossen, suchen die Libellenlarven geeignete Wasserpflanzen auf, um an ihnen zu schlüpfen.

Der Schlüpfvorgang kann, abhängig von der jeweiligen Art, mehrere Stunden dauern und findet in der Regel in den frühen Morgenstunden statt. Während dieser Phase sind die Libellen besonders gefährdet, da sie Feinden hilflos ausgesetzt sind. Das Schlüpfen im dichten Pflanzengewirr während der frühen Morgenstunden gehört zu den Vorkehrungen der Libellen, sich vor den räuberischen Feinden der Verlandungszone zu schützen.

Nachdem die Flügel voll entfaltet sind, kann das Leben als Imago beginnen. Zurück bleibt die leere Larvenhülle (Exuvie), die für Bestimmungszwecke oder zur Bestandsaufnahme Verwendung finden kann. Nach dem Schlüpfen dauert es ca. zwei Wochen bis die Libellen ihre Geschlechtsreife erlangen. Während dieser Zeit halten sich die meisten Libellenarten abseits der Schlupfgewässer auf. Eine Furcht vor diesen, mitunter bedrohlich wirkenden, anmutigen und farbenprächtigen Großinsekten ist völlig fehl am Platze. Libellen sind absolut ungefährlich und können nicht stechen! Es wird sicherlich für jeden Naturfreund ein Erlebnis von besonderem Reiz, die außergewöhnliche Paarung, die faszinierende Eiablage und den eindrucksvollen Schlüpfvorgang der Libellen im eigenen Garten zu beobachten.

Um ein Libellengewässer anlegen zu können, werden im folgenden verschiedene Libellenarten und ihre Beziehung zu bestimmten Pflanzenarten beschrieben:

► **Fledermaus-Azurjungfer *(Coenagrion pulchellum):*** Diese Kleinlibelle ist eine der häufigsten Libellen an stehenden und langsam fließenden Gewässern. Trotz der kurzen Lebensdauer von nur vier Wochen trifft man diese Art durch zeitlich versetztes Schlüpfen von Mai bis Ende August an.

Den Schlüpfvorgang kann man häufig auf noch geschlossenen Seerosenblüten während der frühen Morgenstunden beobachten.

Zur Eiablage versenkt das Weibchen die Eier mit einem Legebohrer auf die Blattunterseite von Seerosen *(Nymphaea sp.)*, dem Schwimmenden Laichkraut *(Potamogeton natans)* und verschiedenen Tausendblattarten *(Myriophyllum sp.)*.

Wie bei vielen anderen Kleinlibellen beglei-

Abb. 23: Fledermaus-Azurjungfern *(Coenagrion pulchellum)* bei der Eiablage auf die Blattunterseite von Seerosen

ten die Männchen ihre Weibchen wie »Wachtürme« bei der Eiablage. Durch dieses Verhalten wird die Eiablage des Weibchens erleichtert, und gleichzeitig werden durch die Blokkierung der weiblichen Halsregion andere paarungswillige Männchen abgewehrt.

Eine nahe Verwandte der Fledermaus-Azurjungfer ist die Hufeisen-Azurjungfer *(Coenagrion puella)*, die häufig ihre Eier an die gleichen Pflanzenarten ablegt. Die Hufeisen-Azurjungfer taucht allerdings im Gegensatz zu anderen Azurjungfern während der Eiablage nie unter Wasser. Auch das Große Granatauge *(Erythromma najas)*, die Federlibelle *(Platycnemis pennipes)* und die Becher-Azurjungfer *(Enallagma cyathigerum)* legen ihre Eier in die bevorzugten Eiablagepflanzen der Fledermaus-Azurjungfer.

► **Weidenjungfer *(Chalcolestes viridis)*:** Diese häufige Kleinlibellenart kommt nur an Teichen und langsam fließenden Flüssen mit Erlen und Weiden als Uferbewuchs vor. Mit Hilfe eines ausgeprägten Legebohrers versenken die Weibchen in Begleitung ihres Partners von Mitte August bis Mitte Oktober ihre Eier bevorzugt in Erlen- und Weidenzweigen.

► **Gemeine Binsenjungfer *(Lestes sponsa)*:** Bei der Gemeinen Binsenjungfer handelt es sich wohl um die häufigste Libellenart Mitteleuropas.

Sie benötigt zur Eiablage vertikal im Wasser stehende Pflanzen wie Teichbinse *(Eleocharis palustris)*, Seebinse *(Schoenoplectus lacustris)*, Schachtelhalm *(Equisetum sp.)* u.a.

Lestes sponsa fliegt von Juni bis September. An einzelnen Stengeln von *Schoenoplectus lacustris* kann man oft 10 bis 15 Paare gemeinsam bei der Eiablage beobachten.

Die Glänzende Binsenjungfer *(Lestes dryas)*, die Kleine Binsenjungfer *(Lestes virens)* und die Dunkle Binsenjungfer *(Lestes macrostigma)* haben ähnliche Ansprüche an den Pflanzenbewuchs und treten deshalb oft zusammen mit der Gemeinen Binsenjungfer auf.

► **Frühe Adonislibelle *(Pyrrhosoma nymphula):*** Die Frühe Adonislibelle kommt vorzugsweise an Wiesengräben vor, die mit Wasserlinsen *(Lemna sp.)* bewachsen sind. Eine Ausnahme im Reich der Kleinlibellen ist die auffallend rote Färbung ihres Hinterleibes. Wie der Name schon sagt, ist der Flugbeginn dieser Libelle recht früh. Sie ist eine der ersten Libellen und fliegt von Anfang Mai bis August.

Zur Eiablage bevorzugt die Frühe Adonislibelle verschiedene Hornblattarten *(Ceratophyllum sp.)*, so den Flammenden Hahnenfuß *(Ranunculus flammula)*, das Sumpfvergißmeinnicht *(Myosotis palustris)*, die Wasserminze *(Mentha aquatica)* und den Froschbiß *(Hydrocharis morsus-ranae)*.

Abb. 24: Frischgeschlüpfte Mosaikjungfer *(Aeshna sp.)* an einem Halm der Teichbinse *(Eleocharis palustris)*

► **Blaugrüne Mosaikjungfer *(Aeshna cyanea):*** Die Blaugrüne Mosaikjungfer ist eine häufig vorkommende Großlibellenart, die bevorzugt Gartenteiche zur Eiablage aufsucht – sofern diese richtig gestaltet sind. Wie bereits erwähnt, sind aus dem Wasser ragende, mit Moos bewachsene Holzstämme, ideale Eiablageplätze für die Blaugrüne Mosaikjungfer.

Nach der Larvenentwicklung wird man dann im Laufe der Jahre sicherlich den beeindruckenden Schlüpfvorgang der Blaugrünen Mosaikjungfer beobachten können. Schon am Tag vor dem Schlüpfen halten sich die Larven im dichten Gewirr bestimmter Wasserpflanzen auf. In der kommenden Nacht, bzw. in den frühen Morgenstunden, beginnt die Geburt einer neuen Libellen-Imago. Die vollentwickelte Larve klettert aus dem Wasser ca. 15 cm an senkrecht wachsenden Wasserpflanzen empor. Der Schlüpfvorgang dauert bei *Aeshna cyanea* rund 4 Stunden.

Durch langwierige Beobachtungen konnte auch beim Schlüpfen der Blaugrünen Mosaikjungfer eine Vorliebe für bestimmte Pflanzenarten festgestellt werden. Diesbezüglich konnte ich an der Teichbinse *(Eleocharis palustris)* die höchste Exuviendichte feststellen. Eine Verwendung dieser Pflanze, in deren Bereich häufig auch lauernde Frösche zu beobachten sind, ist für den ökologisch orientierten Gartenteich in jedem Fall zu empfehlen.

► **Grüne Mosaikjungfer *(Aeshna viridis):*** Als Habitat-Spezialist kommt die Grüne Mosaikjungfer nur in Gewässern vor, in denen die Krebsschere *(Stratiotes aloides)* wächst.

Aufgrund jahrzehntelanger Biotopzerstörung und des Ausräumens der wenigen Krebsscherenweiher durch Sportangler gehört *Aeshna viridis* mittlerweile zu den vom Aussterben bedrohten Arten.

Die Paarung erfolgt bei dieser Art im Flug während der Mittagsstunden; ein besonders eindrucksvolles Geschehen bei diesen Großlibellen.

Die Weibchen legen ihre Eier in Krebsscheren, teilweise aber auch in Rohrkolben *(Typha sp.)* und Igelkolben *(Sparganium sp.)* ab.

► **Große Königslibelle *(Anax imperator):*** Diese

Abb. 25: Drei Stunden nach dem Schlupf aus der Larvenhülle sind die Flügel entfaltet und gespannt

größte heimische Libellenart kommt vorwiegend an nährstoffreichen Teichen mit ausgeprägter Schwimmblattzone vor. Dabei bevorzugt die Große Königslibelle vor allem mit dem Schwimmenden Laichkraut *(Potamogeton natans)* bewachsene Gewässer.

Die Weibchen legen ihre Eier weiterhin in die Stengel von Tausendblattarten *(Myriophyllum sp.),* der Kanadischen Wasserpest *(Elodea canadensis)* und dem Hornblatt *(Ceratophyllum demersum)* ab. Die gleichen Unterwasserpflanzen sind auch für die Speer-Azurjungfer *(Coenagrion hastulatum),* die Gabel-Azurjungfer *(Coenagrion scitulum),* das Kleine Granatauge *(Erythromma viridulum)* und die Große Pechlibelle *(Ischnura elegans)* beliebte Eiablageplätze. Auch die Feuerlibelle *(Crocothemis erythraea)* tupft ihre Eier auf die Wasseroberfläche, vor allem dort, wo Tausenblattbestände *(Myriophyllum sp.)* knapp unter dem Wasserspiegel fluten.

► **Plattbauch *(Libellula depressa):*** Der Plattbauch, der schon ab Mai fliegt, gehört zu den besten Fliegern unter den Libellen. Aufgrund seiner Vorliebe für offene, sandig-lehmige Uferflächen ist der Plattbauch meist die erste Libelle an frisch angelegten Gartenteichen.

Um diese Großlibellenart dauerhaft ansiedeln zu können, sollten am Ufer Sitzwarten vorhanden sein.

Nach eigenen Beobachtungen bevorzugt der Plattbauch spitz zulaufende, kräftig gefärbte Knospen von Uferpflanzen als Sitzwarten. Auf die Blütenknospen der Sibirischen Wieseniris, der Japanischen Sumpfiris, der Schwanenblume und anderen läßt sich der Plattbauch besonders gerne nieder. Eine Auswahl bestimmter Pflanzenarten ist darauf zurückzuführen, daß frei stehende Blütenknospen dem Plattbauch ein ungehindertes Überwachen seines Reviers und das Ausschauen nach Beute ermöglichen. In einem dichten Gestrüpp von

Halmen und Blättern wird man *Libellula depressa* kaum beobachten können. Interessant ist noch, daß der Plattbauch nach Patroullierflügen, mehrere Male genau zur gleichen Sitzwarte zurückkehrt. Die Eiablage vollzieht sich bei den olivbraun gefärbten Weibchen in einem eindrucksvollen Legetanz. Hierbei tippt das Weibchen im Flug mit dem Hinterleib immer wieder auf die Wasserfläche. Meist werden im Bereich von Wasserschlaucharten *(Utricularia sp.)*, Tausendblattarten *(Myriophyllum sp.)*, der Wasserfeder *(Hottonia palustris)* und dem Wasserhahnenfuß *(Ranunculus aquatilis)* bis zu 500 Eier abgelegt.

► **Großer Blaupfeil** ***(Orthetrum cancellatum):*** Diese wendige Großlibelle ähnelt in verschiedenen Verhaltensweisen dem Plattbauch, fliegt aber erst ab Anfang Juli.

Abb. 26: Beginnende Vorpaarung (Praekopula) der Blutroten Heidelibelle *(Sympetrum sanguineum)*

Der Große Blaupfeil benötigt wie der Plattbauch Sitzwarten, von wo aus er sein Revier überblicken und Inspektionsflüge starten kann. Im Gegensatz zum Plattbauch bevorzugt der Blaupfeil jedoch dürre, freistehende aus dem Wasser ragende Zweige als Sitzwarten.

Wer den Großen Blaupfeil im Garten ansiedeln möchte, benötigt ein großes Gartengewässer mit flachen, sandig-kiesigen Uferbereichen.

Die Eiablage erfolgt auch hier im Flug, wobei allerdings keine Bevorzugung bestimmter Pflanzenbestände festgestellt werden konnte.

Den Schlüpfvorgang kann man meist im Juli gegen Mittag an Sumpfbinsen *(Schoenoplectus lacustris)* beobachten.

► **Blutrote Heidelibelle** ***(Sympetrum sanguineum):*** Eine typische Verhaltensweise der Blutroten Heidelibelle ist die Thermoregulation.

Wie bei vielen anderen Libellenarten wird hierbei durch das Hochstellen des Hinterleibes sowie durch eine veränderte Flügelstellung, die Körpertemperatur geregelt.

Vor allem bei großer Hitze wird durch das Emporstrecken des Hinterleibes die Einstrahlungsfläche der Sonne verringert und somit eine Überhitzung vermieden.

Bei kühler Witterung dagegen sieht man die Blutrote Heidelibelle häufig flach auf Steinen sitzen, um eine maximale Wärmeeinstrahlung zu erreichen.

Zur Eiablage versammeln sich oft mehrere zusammengekoppelte Pärchen auf engstem Raum und legen ihre Eier fliegend in Algenwatten oder feuchten Bodenschlamm.

Die Vorpaarung (Praekopula) findet meist im Gewirr von Uferpflanzen statt. Nach der Bildung des Paarungsrades geschieht dann die eigentliche Paarung (Kopula) oft im Flug, wobei häufige Sturzlandungen auf den verschiedensten Pflanzen keine Seltenheit sind.

Sehr ähnlich im Aussehen und auch in verschiedenen Verhaltensweisen sind die nahen Verwandten der Blutroten Heidelibelle, die Große Heidelibelle *(Sympetrum striolatum)* und die Gemeine Heidelibelle *(Sympetrum vulgatum)*. Im Gegensatz zu der etwas scheuen Blutroten Heidelibelle lassen sich die beiden Verwandten gut aus der Nähe beobachten.

► **Schwarze Heidelibelle** ***(Sympetrum danae):*** Die Schwarze Heidelibelle fliegt von Mitte Juli

Abb. 27: Paarung (Kopula) der Blutroten Heidelibelle auf einem Rosentrieb

bis Oktober an stehenden Gewässern aller Art.

Als Sitzwarten bevorzugt diese Großlibelle eher niedrige Pflanzen wie die Teichbinse *(Eleocharis palustris)*, das Hechtkraut *(Pontederia cordata)*, den Tannenwedel *(Hippuris vulgaris)*, die Wasserfeder *(Hottenia palustris)* u.a.. Im Gegensatz zur Blutroten Heidelibelle, legen Paare von *Sympetrum danae* ihre Eier meist allein ab. Die Eier werden dabei in Häufchen von 10 bis 20 Stück bevorzugt in Tausendblattbestände *(Myriophyllum sp.)* abgelegt.

Durch diese Beschreibung einiger Libellenarten wird deutlich, wie wichtig bestimmte Pflanzen für das Überleben der Libellen sind. Neben der Pflanzenauswahl sind natürlich auch bereits beschriebene Faktoren wie Größe und Gestaltung des Gartenteiches sowie die umliegende Landschaft entscheidende Aspekte für die Ansiedlung einer vielfältigen Libellenfauna.

Wasserwanzen

Wasserwanzen werden in zwei Gruppen unterteilt, zu denen wiederum mehrere Familien gehören.

► Die erste Gruppe der Wasserläufer leben fast ausschließlich auf der Wasseroberfläche. Lediglich während der Wintermonate suchen sie Verstecke auf dem festen Land.

Wasserläufer ernähren sich vorwiegend von toten und lebenden Kleininsekten, die auf der Wasseroberfläche schwimmen.

Die Eiablage erfolgt bei den fünf Familien der Wasserläufer in unterschiedlicher Weise, und ist meist an bestimmte Wasserpflanzen gebunden. Vertreter aus der Familie der Teichläufer (Hydrometridae) heften zum Beispiel ihre länglichen Eier an verschiedene Uferpflanzen über dem Wasserspiegel.

► Zur zweiten Gruppe der Wasserwanzen gehören die bekannten Rückenschwimmer, Ruderwanzen, Skorpionwanzen und Schwimmwanzen. All diese Arten durchlaufen den gesamten Lebenszyklus vom Ei bis zur Imago im Wasser.

Zur Familie der Skorpionwanzen zählt der Wasserskorpion *(Nepa cinerea)* und die Stabwanze *(Ranatra linearis)*. Beide Arten bevorzugen stehende Gewässer mit breiten flachen Uferzonen. Skorpionwanzen sieht man häufig im Bodenschlamm, wenige Zentimeter unter Wasser oder lauernd angeheftet an Wasserpflanzen. Als Nahrung dienen Kleininsekten aller Art, die mit den Fangbeinen ergriffen, angestochen, vergiftet und ausgesaugt werden. Der Wasserskorpion ist auch in der Lage dem Menschen schmerzhafte Stiche zu versetzen.

Die bis 8 cm lange Stabwanze hat etwa die Form eines langgezogenen Wasserskorpions. Man findet sie vor allem inmitten dichter Schilf- und Rohrkolbenbestände *(Typha sp., Phragmites australis)*.

Die Stabwanze ernährt sich neben Wasserinsekten mit Vorliebe auch von kleinen Lurchen.

Zur Eiablage bevorzugt die Stabwanze das Schilfrohr *(Phragmites australis)*, wo die langgestreckten Eier reihenweise in die Stengel dieser Pflanzen eingestochen werden. Der Wasserskorpion legt dagegen seine Eier in faulende Pflanzenteile oder Algenwatten. Interessant ist noch der Atemmechanismus bei beiden Arten. Zur Aufnahme von Sauerstoff wird ein langes Atemrohr, das sich am Hinterleib befindet, über die Wasseroberfläche gestreckt; Skorpionwanzen halten sich vorwiegend im flachen Wasser auf.

Zu den sicherlich häufigsten Wasserwanzenarten im Gartenteich zählen die Rückenschwimmer (Notonectidae).

Ihr typischer Lebensraum sind die obersten Wasserschichten der gesamten Wasserfläche. Hier jagen sie nach Wassertieren aller Art, verschmähen selbst Fischbrut, Kaulquappen und Libellen nicht. Rückenschwimmer ernähren sich aber auch von kranken und toten Wassertieren und sind durch ihre räuberische Lebensweise eine Art »Gesundheitspolizei«.

Ein typisches Kennzeichen für alle sechs Vertreter der Familie Notonectidae ist ihre Eigenschaft, mit dem Rücken nach unten zu schwimmen.

Zum Atmen kommen die Rückenschwimmer an die Wasseroberfläche und nehmen mit zwei Stigmen am Hinterleibsende den lebensnotwendigen Sauerstoff auf.

Wer Rückenschwimmer mit den Händen fangen will, sollte vorsichtig sein, denn Rükkenschwimmer können schmerzhaft stechen, wobei die Stiche meist zu örtlichen Entzündungen führen.

Zur Eiablage werden, abhängig von der jeweiligen Art, die Eier an Wasserpflanzen angeheftet oder mit einem Legebohrer eingebohrt.

Schwimmkäfer

Die gewandten Schwimmer der Familie Dytiscidae kommen mit ca. 150 Arten in Mitteleuropa vor. Sie leben ausschließlich räuberisch in stehenden und fließenden Gewässern verschiedenster Art.

Hinsichtlich der Eiablage unterscheidet man drei Typen:

► Die erste Gruppe legt ihre Eier einzeln oder in perlschnurartigen Gebilden auf die Oberfläche verschiedener Wasserpflanzen ab. Bei manchen Arten hat man auch festgestellt, daß sie ihre Eier bevorzugt in die Blattachseln von Wasserpflanzen ablegen.

► Die zweite Gruppe versenkt ihre Eier mit Hilfe eines Legebohrers in die verschiedensten Pflanzenteile knapp unter Wasser.

► Die letzte Gruppe geht im Gegensatz zu den anderen beiden zur Eiablage an Land. Hier sind vor allem feuchte Stellen unter Baumstämmen und Steinen gefragte Eiablageplätze. Eine ufernahe Gestaltung mit Natursteinen, Wurzeln usw., ist also auch im Sinne der Ansiedlung verschiedener Schwimmkäferarten ratsam.

Die aus den Eiern entstehenden Larven sind recht gefräßige Räuber und erreichen beim Gelbrand eine Länge bis 6 cm. Mit ihren spitzen Oberkieferzangen durchbohren sie die Beute, die häufig aus kleinen Fischen, Molchen und anderen Wassertieren besteht. Durch eine gelbbraune Flüssigkeit, die aus dem Mitteldarm durch die Mandibelkanäle fließt, wird das Beutetier innerhalb weniger Minuten gelähmt und anschließend getötet. Mittels der gleichen Flüssigkeit werden dann die gesamten

Abb. 28: Imago des Gelbrandkäfers beim Luftschöpfen von der Wasseroberfläche

inneren Organe des Beutetieres zu einem flüssigen Brei aufgelöst. Die somit vorverdaute Nahrung saugt die Larve durch ihre Oberkieferkanäle ein.

Die Atmung der Larven erfolgt durch zwei Stigmen am letzten Hinterleibssegment, die zur Sauerstoffaufnahme über die Wasseroberfläche gehoben werden.

Am Ende der Larvenentwicklung, die von Art zu Art unterschiedlich lang ist, verpuppen sich die Larven in selbst gegrabenen Erdhöhlen am Uferbereich des Gewässers.

Bei den häufigsten in Gartenteichen anzutreffenden Schwimmkäferarten handelt es sich um den Gelbrand *(Dytiscus marginalis)* und den etwas kleineren Furchenschwimmer *(Acilius sulcatus)*.

Diese beiden Arten kommen zum Luftschöpfen an die Wasseroberfläche und sind deshalb interessante Beobachtungsobjekte. Beim Atmungsvorgang wird die Hinterleibsspitze über die Wasseroberfläche gestreckt, bis genügend Luft in die Stigmen des Tracheensystems eingeströmt ist.

Bemerkenswert ist noch die hohe Lebenserwartung, die beim Gelbrand bis zu fünf Jahre betragen kann.

Auf ihrer Suche nach pflanzenreichen Überwinterungsteichen unternehmen die flugfähigen Schwimmkäfer oft weite Überlandflüge.

Wassergebundene Fliegen- und Mückenarten

Eine Vielzahl von Zweiflüglern (Dipteren) benötigen – insbesondere für Larven- und Puppenentwicklung – Gewässer unterschiedlichster Beschaffenheit.

Auch Gartenteiche bieten einer Vielzahl wassergebundener Fliegen- und Mückenarten einen geeigneten Lebensraum.

Die Zusammensetzung einer solchen Dipterenfauna im Gartenteich hängt entscheidend von der Art der vorhandenen Lebensgemeinschaft ab.

Bei der Auswahl bestimmter Pflanzenarten werden Wassertiere gefördert, für welche Zweiflügler eine willkommene Nahrungsquelle darstellen. Als Beispiel wurden in diesem Zusammenhang schon die Libellen erwähnt, die sowohl als Larve wie auch als Imago Dipteren aller Art verzehren.

Hört man nun die Wörter Fliegen und Mükken im Zusammenhang mit Gartenteichen, so denkt man doch meist an die unbeliebten Bremsen und Stechmücken. Neben diesen ungern gesehenen Arten gibt es jedoch noch eine Vielzahl von Vertretern der Mücken (Nematocera) und der Fliegen (Brachycera), die eine wichtige Rolle im Nahrungskreislauf des Gartenteiches spielen.

► Die roten Larven der Zuckmücken sind beispielsweise ein hervorragendes Fischfutter. Imagines der vielfach vorhandenen Zuckmükke, *Chironomus plumosus,* können zudem nicht stechen und stellen deshalb kaum eine Belästigung dar.

► Ein häufiger Gast an Gewässern aller Art ist die Gewöhnliche Stechmücke der Gattung *Culex.* Vor allem in pflanzenlosen Gewässern, wie Regentonnen, Wannen usw., können diese, meist unbeliebten Insekten, zur Massenvermehrung neigen.

Im ökologisch orientierten Gartenteich werden sich dagegen kaum Schwärme von Stechmücken einstellen. Natürliche Feinde begrenzen hier die Stechmücken auf ein erträgliches Maß. Trotz der unschönen Eigenschaft des Stechens, erfüllen aber auch Stechmücken eine wichtige ökologische Funktion. Die Larven der Gemeinen Stechmücke *(Culex pipiens)* filtern suspendierte Nahrungspartikel aus dem Wasser. Feinste Algenbestandteile und andere Schwebstoffe werden dabei sozusagen aus dem Wasser herausgesiebt.

► Zu den wassergebundenen Fliegen gehören auch die wohl jedem bekannten Bremsen. Bei einer Vielzahl von Arten aus der Familie der Bremsen (Tabanidae) ist bisher nur die Lebensweise einiger weniger Arten näher erforscht. Die räuberisch lebenden Larven ernähren sich von vielerlei Wassertieren, unter anderem auch von Stechmückenlarven.

Als bevorzugten Lebensraum findet man Bremsenlarven in der Sumpfzone oder im Pflanzengewirr an der Oberfläche stehender Gewässer. Als Vollinsekt ernähren sich die Bremsen, abhängig vom Geschlecht, in unterschiedlicher Weise. Den Männchen dient Nektar als Nahrungsquelle, die Weibchen dagegen benötigen das Blut von Warmblütlern. Aufgrund der Ernährungsweise der Weibchen gehören auch Bremsen zu den weniger beliebten Insekten am Gartenteich.

Die Eiablage der Bremsen erfolgt in kegelförmigen Klumpen auf den Blättern verschiedener Sumpfpflanzen.

► Im Gewirr dichter Algenwatten sieht man häufig die bis zu fünf cm langen Larven der Waffenfliegen.

Mit hakenförmigen Oberkiefern ernähren sie sich vorwiegend von Algen. Nach der Larvenentwicklung, während der die Larven beachtliche Algenmengen verzehrt haben, erfolgt die Verpuppung an der Wasseroberfläche. Die Puppen, die äußerlich kaum von den Larven zu unterscheiden sind, schweben bis zu ihrer Verwandlung zum Vollinsekt auf der Wasseroberfläche. Die Imagines der Waffenfliegen sind nur durch zwei oder mehrere Dornen am Hinterrand des Brustabschnittes von den verwandten Schwebfliegen zu unterscheiden.

Spinnentiere

► Eine sehr interessante Erscheinung im Bereich der Gewässerfauna ist die Wasserspinne *(Argyroneta aquatica).*

Die Wasserspinne, bei der das Männchen ca. 1,5 cm, das Weibchen 0,8 cm groß wird, kommt bevorzugt in mit Wasserlinsen *(Lemna sp.)* bewachsenen Gewässern vor. Insektenlarven, Wasserasseln und Milben sind die Hauptnahrungsquellen der Wasserspinne.

Außergewöhnlich an der Wasserspinne ist ihre Fähigkeit zur Bildung einer Luftglocke, die den Hinterleib umgibt. Diese Lufthülle erscheint unter Wasser wie eine silbrig glänzende Blase. Zwischen Wasserpflanzen sieht man die Wasserspinne häufig ihr dichtes Taucherglokkennetz bauen. Die Luft für die Taucherglocke holt die Spinne in Form von einzelnen Blasen an der Wasseroberfläche. Die fertiggestellten Taucherglocken dienen der Wasserspinne als Wohnraum, Paarungsort, zum Verzehr der Beute und als Überwinterungsort.

► Auf der Wasseroberfläche gleitend, sieht man häufig die Gerandete Jagdspinne *(Dolomedes fimbriatus)*.

Vor allem bei sonnigem Wetter lauert die Gerandete Jagdspinne auf Bremsen und andere Fliegen, die mit dem Wasser in Berührung kommen. Nachdem die Beute ergriffen wurde, wird sie zum Ufer geschleppt und dort an geschützter Stelle ausgesaugt.

Interessant ist auch das Brutverhalten der Weibchen, die einige Wochen mit einem ca. 1 cm großen, blaugrünen Eikokon umherlaufen. Meist in der 4. Woche wird der Eikokon an Pflanzenstengel gehängt und mit einem lokkeren Gewebe umgeben. Von diesem Augenblick an nimmt das Weibchen der Gerandeten Jagdspinne kaum mehr Nahrung auf und wacht bis zu seinem Tode bei dem Eigelege.

► Mit mehr als 30 Familien und fast 1000 Arten gehören auch die Wassermilben (Hydrocarina) zu den Spinnentieren.

Die oft sehr kleinen Wassermilben ernähren sich ausschließlich räuberisch von Muschelkrebsen, Wasserflöhen, Hüpferlingen und weichhäutigen Larven verschiedener Wasserinsekten.

Die Eiablage der getrenntgeschlechtlichen Wassermilben erfolgt einzeln oder in Gelegen an Wasserpflanzen oder Steinen. In Gartenteichen sind häufig die auffallend rotgefärbten, 3 mm großen Wassermilben der Gattung *Hydrodroma* anzutreffen.

Schnecken

Wasserschnecken erfüllen eine Vielzahl wichtiger Funktionen und sollten in einem ökologisch orientierten Gartenteich nicht fehlen. Im Gegensatz zu den ungern gesehenen Landlungenschnecken bleiben die Schäden durch Wasserschnecken weit hinter ihrem Nutzen.

► Ein Jahr nach der Anlage eines Gartenteiches wird man bei richtiger Pflanzenauswahl schon die ersten Spitzschlammschnecken *(Lymnaea stagnalis)* beobachten können. Bevorzugt an der Blattunterseite von Schwimmblattpflanzen haftet der silbrigglänzende Schneckenlaich. So wird meist unbewußt, schon beim Ausbringen der Wasserpflanzen, Schneckenlaich in den frisch angelegten Gartenteich gebracht. Gerade in den ersten Jahren helfen diese bis 60 mm großen Schnecken wirksam im Kampf gegen die Algen.

Lymnaea stagnalis beobachtet man oft beim Abweiden von Algenbelägen auf Wasserpflanzen und Steinen. Daneben ernährt sich die Spitzschlammschnecke auch von verwesenden Pflanzenteilen, Aas und Moostierchen. Wie einige andere Wasserschnecken, trägt *Lymnaea stagnalis* somit zur Gesunderhaltung des Gewässers bei.

Wie bei allen anderen Lungenschnecken handelt es sich auch bei Schlammschnecken um Zwitter. Trotzdem kann man häufig den Paarungsvorgang der Spitzschlammschnecke beobachten. Hierbei kommt es meist zu einer sogenannten einseitigen Begattung, bei der ein Tier Samen an das andere abgibt.

► Eine der bekanntesten Wasserschnecken ist die Posthornschnecke *(Planorbarius corneus)*. Bei dieser Schneckenart handelt es sich um einen äußerst anpassungsfähigen Wasserbewohner, der noch bei schlechten Wasserbedingungen vorkommt.

Unter den Schnecken gehört neben der Spitzschlammschnecke, die Posthornschnecke zu den Erstbesiedlern im Gartenteich.

► Am Bodengrund pflanzenreicher Teiche kommt die völlig flache Tellerschnecke *(Planorbis planorbis)* vor. Ähnlich wie die Spitzschlammschnecke ernährt sich auch die gefräßige Tellerschnecke vorwiegend von Algen und verwesenden Pflanzenteilen.

► Eine Besonderheit unter allen Schnecken zeigen die Sumpfdeckelschnecken (Viviparidae). Unter sämtlichen Schneckenarten sind nur die Sumpfdeckelschnecken lebendgebärend. *Viviparius viviparius* ist außerdem die größte unserer einheimischen Süßwasserschnecken.

Die Gehäuse der Sumpfdeckelschnecken sind rund und gleichen in etwa denen der Weinbergschnecken.

Im Gegensatz zu anderen Wasserschnecken atmet die Sumpfdeckelschnecke durch Kiemen, sie muß deshalb nicht zum Luftholen an die Wasseroberfläche.

Ihre Nahrung beschränkt sich vorwiegend auf pflanzliche Abfälle am Gewässergrund.

Da Sumpfdeckelschnecken in der Natur immer seltener vorkommen, kann vielleicht ein richtig angelegter Gartenteich ein willkommenes Refugium bieten.

Amphibien

Auch Amphibien sind Opfer von Rationalisierungs- und Technisierungsprozessen, bei denen in den letzten Jahrzehnten immer mehr ökologisch wertvolle Landschaftsstrukturen zerstört wurden.

Das Fazit dieser traurigen Entwicklung: 58% unserer 18 einheimischen Amphibienarten sind in ihrem Bestand gefährdet. Die Schaffung neuer ökologischer Zellen sind somit notwendige Maßnahmen, um dem Raubbau an der Natur Einhalt zu gebieten.

Eine Berücksichtigung der Lebensweise gefährdeter Amphibienarten sollte in jedem Fall auch in die Gartenteichplanung mit aufgenommen werden.

So kann bei entsprechender Modellierung und Pflanzenauswahl dem Laubfrosch, dem Kammolch, der Knoblauchkröte und anderen bedrohten Arten im Gartenteich ein neuer Lebensraum geschaffen werden.

Froschlurche

Die Ansiedlung verschiedener Froschlurche im Gartenteich hängt, neben Anlagegesichtspunkten, auch vom jeweiligen Standort ab. Ein Gartenteich inmitten einer Naturlandschaft wird sicherlich bald von den relativ häufig vorkommenden Grasfröschen, Wasserfröschen und Erdkröten besiedelt werden.

Künstliche Ansiedlungsversuche von Amphibien dürfen grundsätzlich nur erfolgen, wenn die umliegende Landschaft das Überleben der zum Teil abwandernden Lurche gewährleistet.

Sind in einer Wohngegend bereits mehrere eingewachsene Gartenteiche vorhanden, so kann die Neuanlage eines naturgemäßen Gartenteiches dazu beitragen, das für viele Amphibien so wichtige ökologische Verbundnetz auszubauen.

Viele Gartenteichbesitzer, deren Gartenteiche bereits verschiedenen Lurchen als Lebensraum dienen, sind sicherlich bereit einen Teil des Amphibienlaiches für Nachbars Gartenteich abzugeben.

Voraussetzung für solche Ansiedlungsversuche ist neben einer geeigneten umliegenden Landschaft natürlich auch ein entsprechend den Lebensansprüchen der Amphibien strukturierter Gartenteich.

► Aufgrund der ausgeprägten Ortstreue vieler Froschlurche darf prinzipiell nur Laich, es dürfen aber keinesfalls Jungtiere eingesetzt werden!

► Umsiedlungsversuche junger Frösche führen zwangsläufig wieder zu deren Abwandern, was für diese Tiere meist tödliche Folgen hat.

► Aus Gründen des Naturschutzes sollte keinesfalls Amphibienlaich aus natürlichen Gewässern entnommen werden!

Amphibienlaich ist also – wenn überhaupt – nur aus vollentwickelten Gartenteichen zu entnehmen.

In Stadtgebieten ohne ein geeignetes Umfeld sollte jeder Gartenbesitzer klar die Grenzen des Amphibieneinsatzes im Gartenteich erkennen und besser ganz auf künstliche Ansiedlungsversuche verzichten.

Um die Grenzen und Möglichkeiten der Ansiedlung von Amphibien nochmals zu verdeutlichen, werden im folgenden die Lebensansprüche einiger Arten näher beschrieben.

► Als erstes Beispiel wählen wir den außerordentlich ortstreuen Grasfrosch, der nach Erreichen der Geschlechtsreife immer wieder zum alten Laichgewässer zurückkehrt.

Der Grasfrosch *(Rana temporaria)*, ein Frühaufsteher unter den Fröschen, laicht bereits Anfang März, wenn die Tiefenzone des Teiches noch zugefroren ist.

Als Laichablageplatz bevorzugt der Grasfrosch eine breite Flachwasserzone, deren Bodengrund mit Wasserpflanzen bewachsen ist. Während der Eiablage besamen die Männchen, an den Achseln der Weibchen festgeklammert, die austretenden Laichballen. Ein

Abb. 29: Junger Grasfrosch *(Rana temporaria)* in Ruhestellung

Gelege des Grasfrosches enthält ungefähr 3000 bis 4000 Eier. Aufgrund der zahlreichen Feinde (z. B.: Fische, Libellenlarven, Wasserkäfer u. a.) für Eier und Kaulquappen ist eine flache Uferzone wichtig für das Überleben einiger Frösche.

Etwa zwei bis drei Monate nach der Laichablage erfolgt dann die Verwandlung der ausgeschlüpften Kaulquappen zu Jungfröschen, die das Gewässer anschließend verlassen. Bis zur Geschlechtsreife halten sich die Grasfrösche im Bereich von feuchten Wiesen und Wäldern auf. Nach Erreichen der Geschlechtsreife kehren sie dann, meist im dritten Jahr, wieder zu ihrem ursprünglichen Laichgewässer zurück.

Die Überwinterung der ausgewachsenen Grasfrösche erfolgt im Bodenschlamm des Laichgewässers, wobei die Frosttiefe von ca. einem Meter unbedingt erforderlich ist.

► Der Wasserfrosch *(Rana esculenta)* lebt im Gegensatz zum Grasfrosch ständig im Wasser und zeigt eine Vorliebe für bestimmte Pflanzenarten. Vor allem Seerosen *(Nymphaea sp.)* und Bestände des Schwimmenden Laichkrautes *(Potamogeton natans)* sind für Wasserfrösche willkommene Ruheplätze.

Während der verhältnismäßig späten Paarungszeit Ende Mai/Anfang Juni machen sich die Froschmännchen - auf den Blättern des Schwimmenden Laichkrautes sitzend - durch ihr lautes, ausdauerndes Quaken bemerkbar.

Als Laichplätze eignen sich auch für den Wasserfrosch flache Uferzonen, bei denen eine gewisse Abgrenzung - zumindest gegen räuberische Fische - gewährt sein sollte.

Wie die Kaulquappen vieler anderer Froschlurche, so sind auch die Kaulquappen von *Rana esculenta* wirksame Algenvertilger. Mit ihren Hornzähnen weiden sie, in Massen auftretend, ganze Algenpolster ab.

Die ausgewachsenen Wasserfrösche ernähren sich vor allem von Fluginsekten, auf die sie im dichten Gewirr von Wasserpflanzen lauern.

Abb. 30: Wasserfrosch *(Rana esculenta)* in Ruhestellung auf Algenwatten

► Auch dem stark gefährdeten Laubfrosch *(Hyla arborea)* kann im Garten ein neuer Lebensraum geschaffen werden.

Wichtig zur dauerhaften Ansiedlung des Laubfrosches ist ein breiter Gehölzsaum am Gartenteich. In erster Linie sind hier niedrige Laubbäume, Sträucher sowie dichter Unterbewuchs entscheidende Faktoren zur Gestaltung eines optimalen Lebensraumes. Im Gewässerbereich bevorzugt der Laubfrosch das Pfeilkraut *(Sagittaria sp.)*, den Rohrkolben *(Typha sp.)* und das Schilfrohr *(Phragmites australis)*.

Zur Laichzeit von April bis Juni kann man Laubfrösche auf diesen Pflanzen beobachten. Gegen Abend setzen sich die Froschmännchen ins seichte Wasser der Uferzone und beginnen mit ihrem Froschkonzert.

Erst nach Einbruch der Dunkelheit begeben sich die Laubfrösche auf Beutefang und jagen Fliegen, Ameisen, Käfer, Spinnen und anderen Kleintieren.

► Als ausgesprochen nützliches Tier kann auch die Erdkröte *(Bufo bufo)* im Garten einen Lebensraum finden. Während der Dämmerung durchstreifen die Erdkröten den ganzen Garten und vertilgen Unmengen von Insekten und Schnecken.

Zur Laichzeit ab Mitte März sind auch der Erdkröte flache Uferzonen anzubieten.

Im Gegensatz zu den Fröschen legen die Krötenweibchen ihre Eier in bis zu fünf Meter langen gallertartigen Schnüren zwischen Wasserpflanzen ab.

Nachdem sich die tiefschwarzen Kaulquappen der Erdkröte verwandelt haben, verlassen im Frühsommer die jungen Kröten das Laichgewässer.

Gegen Anfang Oktober suchen die Tiere bereits ihre Winterquartiere auf und vergraben sich im Wald oder Garten unter einer schützenden Schicht von Fallaub und Erde.

► Eine vom Aussterben bedrohte Krötenart

ist die Knoblauchkröte *(Pelobates fuscus)*. Zur Befestigung ihrer Laichschnüre benötigt die Knoblauchkröte horstartig gepflanzte Bestände von Rohrkolben *(Typha sp.)* und Sumpfbinse *(Schoenoplectus lacustris)*.

▶ Für die ebenfalls stark bedrohte Gelbbauchunke *(Bombina variegata)* sind wie für viele Amphibienarten vielseitige Versteckmöglichkeiten im näheren Gewässerbereich unbedingt erforderlich. Große Natursteine, Wurzeln und Holzstämme sind hierbei wichtige Gestaltungselemente, die den Tieren optimale Tages- und Wintereinstände bieten können.

Die Gelbbauchunke lebt die meiste Zeit im Wasser und ist deutlich an den Uh-uh-uh-Rufen des Männchens zu erkennen. Ins Laichgewässer der Gelbbauchunke sollte man nach Möglichkeit keine Fische einsetzen oder zumindest eine wirksame Abgrenzung schaffen.

Schwanzlurche

Fast alle Schwanzlurche leben im erwachsenen Zustand auf dem Lande. Um ihre poröse Haut schlüpfrig zu erhalten, benötigen sie feuchtschattige Verstecke unter Steinen, Wurzeln oder in Erdlöchern.

Zur Paarungszeit suchen die meisten Schwanzlurche ruhige, pflanzenreiche Gewässer, in denen sie einige Wochen verweilen.

Die Männchen unserer heimischen Molche verwandeln sich dann in besonders reizvolle Geschöpfe. Abhängig von der jeweiligen Art wächst ihnen zur Fortpflanzungszeit ein hoher, gewellter Rückenkamm und die Haut verwandelt sich in ein buntes Hochzeitskleid. Auf ihrer Suche nach den weniger auffällig gefärbten Weibchen, schwimmen die Männchen aufgeregt im Wasser umher und versuchen durch verschiedene Bewegungen für sich zu werben.

Nach vollendeter Begattung beginnt das Weibchen mit der Eiablage, indem die Eier meist einzeln an die Blätter verschiedener Wasserpflanzen angeheftet werden.

Die ausschlüpfenden Larven verbringen die Zeit ihrer Entwicklung unter Wasser. Im Gegensatz zu den erwachsenen Tieren müssen die Molchlarven durch ihre Kiemenatmung zum Luftschöpfen nicht an die Wasseroberfläche kommen.

Während der etwa dreimonatigen Entwicklung ernähren sich die Molchlarven vor allem von Kleinkrebsen (Daphnien), Würmern (z. B.: Tubifex) und Mückenlarven.

Nach der Umwandlung zum erwachsenen Tier verlassen die Molche bereits gegen Ende des Sommers das Gewässer und suchen ihre Überwinterungsverstecke auf.

Um Schwanzlurche dauerhaft ansiedeln zu können, ist auch hier der weiträumige Bereich um den Gartenteich sehr wichtig.

Vielseitige Versteckmöglichkeiten und eine dichte Vegetation mit geeigneten Pflanzenarten bieten den Lurchen ein Refugium für ihr Land- und Wasserleben im Garten. Auch bei den Schwanzlurchen ist eine künstliche Ansiedlung durch das Einsetzen von Eiern nur möglich, wenn das weiträumige Umfeld den Lebensansprüchen der einzelnen Arten gerecht wird.

Bei Einhaltung der genannten Grundsätze kann vielleicht bedrohten Arten wie beispielsweise dem Kammolch *(Triturus cristatus)* und dem Fadenmolch *(Triturus helveticus)* ein neuer Lebensraum geschaffen werden.

Beim Kammolch handelt es sich zudem um die größte einheimische Molchart. Ausgewachsene Weibchen des Kammolches können eine Länge bis zu 18 cm erreichen.

Die etwas kleineren Männchen zeigen zur Paarungszeit einen hohen, stark gewellten Rükkenkamm und eine mit dunklen Flecken übersäte, gelbliche Bauchseite.

Einer der wenigen, noch relativ häufigen Molche ist der Europäische Teichmolch *(Triturus vulgaris)*.

Wenn diese Art auch nicht auf der Roten Liste steht, so ist doch vom Bayerischen Landesamt für Umweltschutz eine deutliche Abnahme der Populationsgröße festgestellt worden.

Wie in diesem Abschnitt aufgezeigt wurde, ist es gar nicht so schwer für die immer seltener werdenden Amphibien einen neuen Lebensraum zu schaffen.

Ein wenig gestalterisches Geschick bei der Anlage von Gartenteichen kann zur Schaffung eines Ausbreitungszentrums für anspruchsvolle Lebensgemeinschaften beitragen.

Damit nicht unbewußt schwerwiegende Fehler begangen werden, ist aber das Verständnis für die weitreichenden ökologischen Zusammenhänge unentbehrlich.

Der weitere Rückgang unserer einheimischen Amphibienarten könnte hierdurch wirksam gebremst werden.

Schmetterlings- und Bienenfutterpflanzen für den Gewässerbereich

Die Nützlichkeit der blütenbesuchenden Insekten ist allgemein bekannt. Insbesondere Bienen und Schmetterlinge sind im Garten gern gesehene Gäste. Wie in allen anderen Lebensbereichen des Gartens bevorzugen Bienen und verschiedene Schmetterlingsarten auch im Gewässerbereich bestimmte Pflanzenarten.

Im folgenden werden einige Pflanzenarten vorgestellt, die für die Schmetterlinge und Bienen beliebte Nahrungsquellen sind.

Eine recht nährstoffbedürftige Pflanze der bodenfeuchten Randzone ist der Wasserdost *(Eupatorium cannabinum)*.

Während der Blütezeit von Juli bis September kann man häufig verschiedene Schmetterlingsarten beobachten, die sich auf den rötlichen Blütendolden des Wasserdosts niederlassen. Vor allem den farbenprächtigen Admiral *(Vanessa atalanta)* sieht man immer wieder auf den Blüten dieser attraktiven Uferpflanze sitzen.

Eine Pflanze, die an keinem Gartenteich fehlen sollte, ist der einheimische Blutweiderich *(Lythrum salicaria)*.

Die purpurroten Blütenstände bieten von Juni bis September einer Vielzahl von Insekten reichliche Nahrung.

Unter den Schmetterlingen sind es vor allen die Weißlinge (Pieridae), die den Blutweiderich besuchen. Aber auch für Bienen und Hummeln ist *Lythrum salicaria* eine beliebte Nahrungsquelle.

Abb. 31: *Ligularia clivorum*, eine beliebte Schmetterlings- und Bienenfutterpflanze

Nichteinheimische Pflanzenarten, die hervorragende Schmetterlings- und Bienenfutterpflanzen darstellen, sind das Hechtkraut *(Pontederia cordata)* und eine Vielzahl von Ligularia-Arten. Besonders die leuchtendblauen Blüten des Hechtkrautes sind den ganzen Sommer über eine begehrte Bienenweide. Daneben ist *Pontederia cordata* eine beliebte Eiablagepflanze für Libellen und bietet vielen Amphibien eine willkommene Unterstandsmöglichkeit.

Die chinesischen Ligularien eignen sich besonders gut für die bodenfeuchte Randzone. Vor allem *Ligularia clivorum* und *Ligularia przewalskii* begeistern den ganzen Sommer über mit ihrer leuchtend gelben Blütenpracht. An sonnigen Tagen werden die Blüten der Ligularien von einer ganzen Schar Bienen besucht. Auch für verschiedene Falter aus der Familie der Eulen sind Ligularien anscheinend beliebte Futterpflanzen.

Eine weitere Pflanze, die gerne von Schmetterlingen besucht wird, ist die einheimische Wasserminze *(Mentha aquatica)*.

Diese aromatisch riechende Uferpflanze wird 20 bis 80 cm hoch und blüht von Juli bis Oktober in weißlichen Scheinquirlen.

Zu den schönsten Wasserpflanzen gehört die Wasserfeder *(Hottonia palustris)*. Ihre rötlichen Blütenquirle werden im Mai/Juni häufig von Bienen und verschiedenen Schmetterlingsarten besucht.

Anhand der genannten Beispiele zeigt sich, daß auch Bienen und Schmetterlinge im Gewässerbereich ihren Platz haben. Durch die Verwendung der entsprechenden Pflanzenarten kann die Artenvielfalt der Fauna am Gartenteich auch hierdurch gesteigert werden.

Daß dabei auch nichteinheimische Pflanzen im Gartenteich durchaus positive Wirkungen haben können, zeigen die Beispiele des nordamerikanischen Hechtkrauts und der chinesischen Ligularien.

Voraussetzungen für die Ansiedlung einer artenreichen Mikrofauna

Die Mikrofauna in einem Gartenteich ist sozusagen der Grundbaustein für ein biologisch funktionierendes Ökosystem.

Ohne Zooplankton als wesentlichem Bestandteil im Nahrungskreislauf des Gewässers würde sich in einem Gartenteich kaum eine artenreiche Lebensgemeinschaft bilden.

Als Nahrungsgrundlage für eine Vielzahl von Wassertieren sind insbesondere die Wasserflöhe wichtig.

Sie gehören zur Gruppe der Kleinkrebse, von denen meist die Arten der Gattungen *Daphnia* (Wasserfloh), *Cyclops* (Hüpferling) und *Leptodora* in Gartenteichen vorkommen.

Die größeren, häufig vorkommenden Wasserasseln *(Asellus aquaticus)* und die Bachflohkrebse *(Gammarus pulex)* zählen übrigens auch zu den Kleinkrebsen.

Die Wasserflöhe haben eine große Bedeutung als Nahrungsquelle für andere Teichbewohner und sind ihrerseits wirksame Algenvertilger. Die Hauptnahrung dieser Kleinkrebse besteht nämlich vorwiegend aus einzelligen Algen. In Massen auftretend, können Wasserflöhe deshalb durchaus regulierend auf das Wachstum von Schwebealgen wirken.

Viele der meist nur wenige Millimeter großen Wasserflöhe findet man im Uferbereich angeheftet an Wasserpflanzen. Den durchsichtigen Gemeinen Wasserfloh *(Daphnia pulex)* kann man besonders gut als kleine zuckende Pünktchen in einem Tümpelaquarium beobachten.

Im Gegensatz zu den gut schwimmfähigen Wasserflöhen halten sich die etwa 1 mm großen Muschelkrebse der Gattung *Candona* vorwiegend im Bodenschlamm des Gewässers auf. Unter dem Mikroskop betrachtet erscheinen die Muschelkrebse wie Muscheln mit Beinen.

Interessant sind auch die einzelligen Wimpertierchen, die sich durch Bewegung ihrer Wimpern die Nahrung förmlich zufächern.

Die unheimliche Fülle von Vertretern der Mikrofauna näher zu beschreiben, ist im Rahmen dieses Buches nicht möglich. Eine artenreiche Mikrofauna stellt sich in einem richtig angelegten Gartenteich meist von selbst ein.

Wer die Ausbreitung der Mikrofauna jedoch beschleunigen möchte, kann dies durch Einleiten weniger Liter Teichwasser aus bereits vollentwickelten Teichen tun. Dabei ist grundsätzlich nur die Entnahme von Wasser aus funktionierenden Ökosystemen zu empfehlen. Durch das Einlassen einer geringen Menge Teichwassers kann somit ein breites Artenspektrum in den neu angelegten Gartenteich eingebracht werden. Das Einleiten von Wasser aus belasteten Teichen sollte in jedem Fall unterbleiben. Krankheiten könnten sonst auf den Gartenteich übertragen werden und dort die Lebensgemeinschaft nachhaltig schwächen.

9 Pflanzenschäden und deren Ursachen

Die Bezeichnung »Schädlinge« wird hier bewußt vermieden. In bezug auf den ökologisch orientierten Garten ist dieser Begriff fehl am Platz, ebenso wie die Bezeichnung »Unkraut«. In einem Ökosystem hat jedes Tier und jede Pflanze einen Platz.

Ein anschauliches Beispiel ist in diesem Zusammenhang die Anzucht von Seerosen in der Gärtnerei im Vergleich zu ihrem späteren Lebensraum inmitten der Lebensgemeinschaft des Gartenteiches. Bei der Anzucht von Seerosen verursachen Seerosenblattkäfer *(Galerucella nymphaeae)* zum Teil starke Schäden. Eine Bekämpfung auf chemischem Wege läßt sich hier meist nicht vermeiden. Im Gartenteich dagegen würde bei chemischer Bekämpfung der Seerosenblattkäfer eine Vielzahl von Lebewesen mit vernichtet werden. Eine empfindliche Störung der gesamten Biozönose könnte daraus resultieren. In richtig angelegten Gartenteichen stellen sich bald natürliche Gegenspieler ein, die Schäden - beispielsweise durch Seerosenblattkäfer - wirksam begrenzen. Für viele unserer einheimischen Singvögel sind Seerosenblattkäfer wiederum eine willkommene Nahrungsquelle.

Es ist sicherlich ein Erlebnis von besonderem Reiz, eine Amsel zu beobachten, die im Flug Seerosenblattkäfer von den Blättern der Seerosen pickt: Schon dieses eine Beispiel zeigt die wiederholt betonte Notwendigkeit, die Vorgänge in einem Biotop als Ganzes zu betrachten. Nur das Verständnis für die vielseitigen Lebensbeziehungen ermöglicht den Aufbau eines Gewässerbiotops im Garten.

Bei auftretenden Pflanzenschäden sollte man deren Ursachen kennen und wenn möglich natürliche Gegenspieler fördern. In den folgenden Beispielen werden Pflanzenschäden und die Möglichkeiten ihrer natürlichen Begrenzung vorgestellt.

► Neben dem erwähnten Seerosenblattkäfer können die Larven des Seerosenzünslers *(Nymphula nymphaeata)* durch Blattrandfraß die Blätter von Seerosen verunstalten. Die herausgefressenen ovalen Blattstücke benutzt die Raupe dieses grauweißen Schmetterlings zur Verpuppung, indem sie sich darin einrollt. Ein Massenauftreten dieser Art kommt ebenfalls nur vor, wenn das biologische Gleichgewicht an anderer Stelle bereits nachhaltig gestört ist. Auch hier sind die Raupen sowie die Imagines eine begehrte Nahrungsquelle für Vögel.

► Bei anhaltend feucht-warmer Witterung sieht man häufig Seerosenblattläuse *(Rhopalosiphon nymphaeae)* an den Blättern und Knospen der Seerosen saugen. Als Zwischenwirt benötigt die Seerosenblattlaus Schlehen oder Pflaumen, auf denen sie im Eistadium überwintert.

Neben Seerosen werden von *Rhopalosiphon nymphaeae* vor allem der Froschlöffel (Alisma sp.), das Pfeilkraut (Sagittaria sp.), die Blumenbinse *(Butomus umbellatus)* und das Schwimmende Laichkraut *(Potamogeton natans)* befallen.

Seerosen sowie viele andere Wasserpflanzen werden jedoch nur dann stark befallen, wenn sie in verbrauchten Substraten stehen und unter Nährstoffmangel leiden. Dies ist hin und wieder bei in Körben gepflanzten Seerosen der Fall. Eine Nachdüngung in der bereits beschriebenen Weise kann hier schnell Abhilfe schaffen. Andererseits werden Blattläuse aber auch bei einem zu hohen Nährstoffangebot gefördert. Steht beispielsweise das Pfeilkraut *(Sagittaria sp.)* auf zu nährstoffreichem Bodengrund, ist in den meisten Fällen ein Befall von Blattläusen vorhanden.

Im überdüngten Substrat verliert das Pfeilkraut außerdem seine schöne, pfeilförmige Blattform, die Blätter werden dadurch breit und lappig. Bei einer ausgeglichenen Nährstoffversorgung und einer Vielzahl von natürlichen Feinden (z. B. Marienkäfer, Florfliegen, Libellen u. a.) im ökologischen Garten, wird nur in den seltensten Fällen eine ernsthafte Schädigung durch Blattläuse auftreten.

Sollte es dennoch zu einer Massenentfaltung von Blattläusen kommen, kann ein gelegentliches Abspritzen der Pflanzenteile mit einem scharfen, kalten Wasserstrahl größere Schäden verhindern.

Pilzliche Schwächeparasiten treten an Wasserpflanzen verhältnismäßig selten auf.

► Die Knollenfäule, verursacht durch den Pilz *Gloeosporium nymphaearum*, ist eine der wenigen pilzlichen Infektionen, die vereinzelt an Seerosen auftreten.

Die ersten Symptome zeigen sich dabei in Form von gelben Blattflecken, die größer werden und die Blätter schließlich ganz zum Absterben bringen. Vom Wurzelstock ausgehend verhindert dieser Schwächeparasit im Laufe der Zeit den Neuaustrieb der Blätter völlig. Ein Absterben der gesamten Pflanze ist meist die Folge.

Um die Knollenfäule an Seerosen zu vermeiden, sind vor allem der Standort und die Qualität der Pflanze zu beachten.

Die Ursachen dieser pilzlichen Infektion können ein zu tiefer Wasserstand, zu kalter Standort, eine Beschädigung der Knolle oder ein mangelhaftes Pflanzsubstrat sein. Vermeidet man diese Faktoren, wird die Knollenfäule an Seerosen kaum auftreten.

► Pflanzenschäden nichtparasitärer Art werden häufig durch wechselhafte Witterungsbedingungen ausgelöst. Mißbildungen an Trieben und Blättern verschiedener Wasserpflanzen treten auf, wenn auf warme Schönwetterperioden kühles, trübes Wetter folgt. Bei solchen Umweltbedingungen zeigen auch Schwimmblattpflanzen Wachstumsstockungen, wodurch die neu austreibenden Blätter meist nicht die Wasseroberfläche erreichen.

Das gleiche gilt für die Blütenknospen der Seerosen, die anstatt aufzublühen, unter dem Wasserspiegel verfaulen.

Mit der Stabilisierung der Witterungsverhältnisse sind solche Pflanzenschäden jedoch schnell wieder verwachsen. Bleibende Schäden treten nur unter extrem schlechten Bedingungen auf.

10 Einfluß des Fischbesatzes auf das ökologische Gleichgewicht im Gartenteich

Die Nichtbeachtung wichtiger Gesichtspunkte beim Fischbesatz kann schnell zur Überforderung eines naturgemäß angelegten Gartenteiches führen.

Von entscheidender Bedeutung sind in diesem Zusammenhang die Größe des Gartengewässers und die Auswahl bestimmter Fischarten.

Was die Größe anbelangt, so sollte man in Gartenteichen mit einer Fläche von unter 15 m^2 besser ganz auf den Einsatz von Fischen verzichten. Nur dann kann sich in einem kleinen Teich eine Lebensgemeinschaft ungestört einstellen. In größeren Gartenteichen können dagegen - bei Beachtung verschiedener Gestaltungshinweise - bestimmte Fischarten aber durchaus zum Bestand einer Lebensgemeinschaft gehören.

Grundsätzlich sollten Fische erst eingesetzt werden, wenn die Wasserpflanzen eingewachsen und genügend natürliche Nahrungsbestandteile für die Fische vorhanden sind. Dies kann, je nach örtlichen Gegebenheiten, ein Jahr nach der Anlage oder auch später sein.

Auf die künstliche Zufuhr von Fischfutter sollte man auf jeden Fall ganz und gar verzichten. Durch die Fütterung der Fische von außen werden dem Gartenteich nachträglich Nährstoffe zugeführt. Insbesondere an heißen Sommertagen kann eine Eutrophierung durch Fischfutter zum »Umkippen« des Gartenteiches führen. Eine geschlossene Unterwasservegetation beherbergt genügend Nährtiere, so daß damit eine Fütterung ohnehin überflüssig wird. In diesem Zusammenhang wurde bereits die Kanadische Wasserpest *(Elodea canadensis)* erwähnt. Im Bereich dieser Unterwasserpflanze halten sich besonders gerne verschiedene Fischnährtiere auf.

In einem Gartenteich mit Fischen, in dem sich ein biologisches Gleichgewicht bereits eingestellt hat, sehen die Ernährungsbeziehungen folgendermaßen aus:

- Abhängig von der jeweiligen Art ernähren sich Fische von allerlei Wassertieren, Schnecken- und Amphibienlaich. Bestimmte Fischarten ernähren sich auch von Pflanzen und helfen bei der Begrenzung von Algen und Wasserlinsen.
- Libellenlarven, Wasserkäfer und verschiedene Amphibien, die Fischlaich als beliebte Nahrung aufnehmen, wirken einer übermäßigen Vermehrung der Fische entgegen. Selbst kleine Fische haben im Gartenteich ihre Feinde. Die Larve und die Imago des Gelbrandkäfers sind dabei die gefräßigsten Räuber. Sie erbeuten Fische, die durchaus größer sind als sie selbst.

Um neben den Fischen gleichzeitig die Ansiedlung von Amphibien zu ermöglichen, sollte man für diese Tiere durch schützende Wasserpflanzen (z. B.: Rohrkolben, Teichbinse u. a.) Zonen für die Laichablage schaffen.

Die Frage nach den geeigneten Fischarten hängt wiederum von der Größe des Gartenteiches und den Wünschen des Gartenbesitzers ab. Für den ökologischen Gartenteich sind die einheimischen Fischarten am besten geeignet. Diese sind zwar weniger prächtig gefärbt, aber dafür besser an unsere Klimaverhältnisse angepaßt und, im Vergleich zu Exoten, weniger anfällig für Krankheiten. Was die Anzahl der einzusetzenden Fische anbelangt, so sind je Fischart mindestens fünf Exemplare, bei großen Gartenteichen eventuell auch mehr einzusetzen.

Im folgenden werden Fischarten vorgestellt, die bei Beachtung bestimmter Aspekte in die Lebensgemeinschaft eines Gartenteiches passen.

► Für relativ kleine Teiche sind die geselligen Moderlieschen *(Leucaspius delineatus)* gut geeignet. Die bis zu 9 cm großen Fische halten sich vorwiegend an der Wasseroberfläche zwischen den Pflanzen der Uferzone auf. Die anspruchslosen Moderlieschen ernähren sich von tierischem und pflanzlichem Plankton.

► Eine weitere Art für verhältnismäßig kleine Teiche ist die 6 bis 10 cm große Elritze *(Phoxinus phoxinus).* Elritzen halten sich in Schwärmen nahe der Wasseroberfläche auf und lauern dabei auf anfliegende Insekten. Als typischen Schwarmfisch, sollte man die Elritzen in größeren Stückzahlen einsetzen.

► Wegen seines interessanten Brutverhaltens ist der verträgliche Bitterling *(Rhodeus sericeus amarus)* ein beliebter Teichfisch. Die schöne Ausfärbung der Männchen während der Paarungszeit ist ebenfalls eine Eigenschaft, die man unter den einheimischen Fischarten selten vorfindet.

Wer das Brutverhalten des Bitterlings beobachten möchte, benötigt allerdings lebende Teich- oder Flußmuscheln in seinem Gartenteich. Während der Eiablage führt das Weibchen seine Legeröhre in die Kloakenöffnung der Muschel. Hierbei werden ein bis zwei Eier abgegeben, die in den Kiemenraum der Muschel gleiten. Unmittelbar nach der Eiablage kommt das Männchen und spritzt seinen Samen über die Muschel. Beim Atemvorgang der Muschel werden die Samen eingesogen und die im Kiemenraum befindlichen Eier befruchtet. Die Ernährung der Bitterlinge erfolgt überwiegend pflanzlich, von Algen, Wasserlinsen und anderen Pflanzenstoffen.

► Ein ausgesprochen interessantes Brutpflegeverhalten zeigt auch der im Hochzeitskleid farbenprächtige Dreistachelige Stichling *(Gasterosteus aculeatus).* Aufgrund seiner äußerst ungeselligen Verhaltensweise ist diese Fischart für Gartenteiche jedoch weniger geeignet.

Jeder männliche Stichling benötigt sein eigenes Revier, aus dem er Eindringlinge rauflustig vertreibt.

► Einer der schönsten heimischen Karpfenfische ist die Rotfeder *(Scardinius erythrophthalmus).* Diese bis 30 cm große Fischart eignet sich vor allem für größere Teiche. Rotfedern halten sich meist in kleinen Rudeln nahe der Wasseroberfläche im Bereich von Pflanzen der Flachwasserzone auf.

Als Nahrung bevorzugt die Rotfeder, neben anderen Wasserpflanzen, die Kanadische Wasserpest *(Elodea canadensis),* Laichkrautarten *(Potamogeton sp.)* und Tausendblattarten *(Myriophyllum sp.).*

Auch Kleintiere der Uferregion werden in geringem Maße aufgenommen.

Eine anhaltende Schädigung an den genannten Wasserpflanzen durch Rotfedern kommt nur in kleinen Teichen mit spärlichem Pflanzenbewuchs vor. Bei richtiger Auslegung eines Gartenteiches können Rotfedern sogar ein »Zuwachsen« des Gewässers auf lange Sicht verhindern.

► Ein weiterer Karpfenfisch für größere Teiche ist die auffallend orangerot gefärbte Goldorfe *(Leuciscus idus).* In sehr großen Gartenteichen kann dieser Fisch, dessen Stammform unser einheimischer Aland ist, bis zu 50 cm lang werden. Im Vergleich zum Goldfisch *(Carassius auratus)* hat die Goldorfe den Vorteil, nicht im Bodenschlamm des Gewässers zu wühlen. Die Hauptnahrung der Goldorfe besteht aus Pflanzenteilen aller Art. Auch die häufig recht lästigen Wasserlinsen werden durch Goldorfen wirksam in Grenzen gehalten.

Da die Goldorfe schwarmartig in der Nähe der Wasseroberfläche auftritt, läßt sie sich besonders gut beobachten.

► Eine gute Ergänzung zu den Karpfenfischen sind die kleinen räuberischen Hundsfische. Der fünf bis neun Zentimeter große Europäische Hundsfisch *(Umbra krameri)* eignet sich besonders gut für Gartenteiche. Da seine bevorzugte Nahrung unter anderem aus Fischbrut besteht, werden Übervermehrungen von anderen Fischarten begrenzt. Interessant ist auch das Brutverhalten der Hundsfische. Zwischen Februar und April werden ca. 150 Eier in ein vom Weibchen vorbereitetes Nest zwischen Wasserpflanzen abgelegt. Nach der Eiablage bewacht das Weibchen sein Eigelege und wehrt auch größere Feinde wirksam ab.

► Der wohl bekannteste Teichfisch ist der auffallend gefärbte asiatische Goldfisch *(Carassius auratus)*. Neben wenigen positiven Eigenschaften, führt die anhaltende Wühltätigkeit des Goldfisches häufig zur Trübung des Teichwassers. Für den ökologisch orientierten Gartenteich kann der Goldfisch deshalb nicht empfohlen werden.

Andere Teichfische als die oben genannten Arten sind für den ökologisch orientierten Gartenteich meist weniger geeignet.

11 Pflegearbeiten unter Berücksichtigung ökologischer Aspekte

Wie bereits erwähnt, soll der Pflegeaufwand in einem Gartenteich, der unter Berücksichtigung ökologischer Zusammenhänge angelegt wurde, gering sein.

Dennoch können verschiedene Umstände im Laufe der Zeit regulierende Eingriffe notwendig machen. Damit im Ökosystem Gartenteich bei Eingriffen von außen keine Störungen bzw. Schäden auftreten, ist es erforderlich, bestimmte Gesichtspunkte zu beachten.

▶ Bei eingewachsenen Teichen ist beispielsweise das Ausräumen von Fallaub und abgestorbenen Pflanzenteilen eine sinnvolle Pflegearbeit. Die im Laufe der Jahre eintretende Verlandung der Gartenteiche kann hierdurch verhindert werden. Wichtig ist, daß dieser Arbeitsvorgang auf mindestens drei Jahre verteilt wird. Man sollte immer nur einen Teil des Gartenteiches von der angefallenen Biomasse befreien.

Durch diese Maßnahme bleibt der restliche Teil des Teiches unberührt; eine nachhaltige Störung der gesamten Lebensgemeinschaft wird vermieden.

▶ Das Ausräumen der Algen sollte - falls überhaupt nötig - schrittweise erfolgen. Eine völlige Beseitigung der Algen, ist ohnehin nicht anzustreben.

▶ Falls Unterwasserpflanzen nicht durch Fische oder andere Wassertiere in Grenzen gehalten werden, sollten auch sie, verteilt auf mehrere Jahre, dem Gartenteich entnommen werden. Durch das sogenannte Mähen oder Krauten lassen sich die Unterwasserpflanzen am besten mit einem langen Rechen entfernen und können in anderen Gewässern wieder Verwendung finden.

▶ Ähnliche Pflegearbeiten werden hin und wieder auch bei stark wuchernden Schwimmblattpflanzen nötig. So können die schnellwachsenden Seerosen *(Nymphaea sp.)*, Teichmummeln *(Nuphar lutea)* und Krebsscheren *(Stratiodes aloides)* durch ihr dichtes Blattwerk anderen Pflanzen und Tieren die Lebensgrundlage streitig machen. Eine Reduzierung dieser Pflanzen kann jedoch schnell Abhilfe schaffen. Wegen der ökologischen Bedeutung der genannten und anderer Pflanzen sollte ihre Reduzierung allerdings vorsichtig erfolgen. Beim völligen Ausräumen der Krebsschere würde man z. B. die Lebensgrundlage der seltenen Grünen Mosaikjungfer zerstören.

▶ Um die Blühwilligkeit der Seerosen zu erhalten, verwendet man nach dem Teilen die jungen Spitzen der Rhizome zur Vermehrung. Diese werden in Körbe gepflanzt oder an einem Stein festgebunden am Bodengrund des Gartenteiches verankert. Was den Zeitpunkt der Ausräumarbeiten anbelangt, so sind der September oder das zeitige Frühjahr am besten geeignet.

▶ Nachdem im Herbst verschiedene Froschlurche im Gartenteich ihr Winterquartier eingenommen haben, sollte ein Ausräumen - auch in der beschriebenen, schonenden Weise - unterbleiben.

► Auch Wasserrandpflanzen neigen mitunter zu starker Ausbreitung. Für kleine Gartenteiche sind deshalb schwächer wachsende Arten vorzuziehen. Wenn die Wasserrandpflanzen aber trotzdem zu eng stehen, kann man diese meist problemlos teilen. Abgetrennte Rhizome und andere Pflanzenteile können dabei häufig in Nachbargewässer umgepflanzt werden. Derartige Teilungs- bzw. Umpflanzaktionen sind jedoch nicht bei allen Wasserrandpflanzen gleichzeitig durchzuführen. Die Einsicht in die Bedeutung des Zusammenspiels zwischen Pflanze und Tier erleichtert sicherlich das Verständnis für diese etwas unbequeme Arbeitsweise.

► Eine häufig gestellte Frage ist die nach der richtigen Vorbereitung des Gartenteiches für die kommende Vegetationsperiode. Im Vordergrund stehen in diesem Zusammenhang insbesondere Fragen zum Schnitt einiger Wasserrandpflanzen.

Im Herbst und Winter verlagern die meisten Sumpf- und Wasserpflanzen ihre Reservestoffe in die unterirdischen Pflanzenteile. Damit dieser Vorgang ungehindert verlaufen kann, sollte ein Pflanzenschnitt - falls überhaupt notwendig - schonend erfolgen. Viele Wasser- und Sumpfpflanzen hinterlassen über den ganzen Winter stattliche Fruchtstände. Zu diesen Pflanzen, die das ganze Jahr über einen gewissen Zierwert haben, gehören der Froschlöffel *(Alisma sp.)*, das Schilfrohr *(Phragmites sp.)*, das Pfeilkraut *(Sagittaria sp.)* und der Rohrkolben *(Typha sp.)*.

Andere Pflanzen zeigen sich bis weit in den Winter hinein mit dekorativen Trieben und Blättern. Binsen *(Juncus sp.)*, Zypergras *(Cyperus sp.)*, Seggen *(Carex sp.)* und Simsen *(Scirpus sp.)* können, vor allem bei Rauhreif oder Schnee, dem Garten eine bizarre Schönheit verleihen.

Neben dem Zierwert haben jedoch auch viele dieser Pflanzen im Winter wichtige ökologische Funktionen zu erfüllen. Durch die, aus dem Wasser herausragenden Halme und Stengel ist auch bei dicker Eisdecke ein reger Gasaustausch möglich. Auch Fäulnisgase, die am Gewässergrund durch Zersetzung entstehen, können an diesen Stellen ungehindert entweichen. Also auch im Sinne eines aktiven Gasaustausches sind verschiedene Sumpf- und Wasserpflanzen erst im Frühjahr zu schneiden. Der Schnitt erfolgt bei fast allen Arten (z. B.: *Carex sp.*, *Cyperus sp.*, *Typha sp.* u. a.) auf wenige Zentimeter über dem Bodengrund. Das Schnittgut kann, je nach vorhandenen Nährstoffverhältnissen, als Mulchmaterial verwendet werden.

Was die im Herbst absterbenden Pflanzenteile von Seerosen und anderen Schwimmblattpflanzen anbelangt, so braucht man diese in der Regel nicht zu entfernen. Lediglich in Gartenteichen, die zur Eutrophierung neigen, ist das Entfernen der faulenden Seerosenblätter im Spätherbst sinnvoll.

► Eine Möglichkeit das Durchfrieren - vor allem bei kleinen Gartenteichen - völlig auszuschließen, ist die Bildung einer isolierenden Luftschicht unter der Eisdecke. Sobald sich im Winter eine dicke Eisdecke gebildet hat, pumpt man hierzu soviel Wasser aus dem Teich, bis der Abstand zwischen Eisdecke und Wasserspiegel etwa 10 cm beträgt. Die dabei entstandene Luftschicht isoliert ausgezeichnet und schützt das Leben unter Wasser. Gerade in strengen Wintern können Frostschäden durch diese Maßnahme verhindert werden.

► Über das Düngen der Wasserpflanzen wurde bereits in Kapitel 4 (»Der Bodengrund im Gartenteich ...«) berichtet.

Diese Beschreibung der anfallenden Pflegearbeiten macht deutlich, daß der Pflegeaufwand für einen Gartenteich keinesfalls größer ist als für andere Lebensbereiche des Gartens. Die Betrachtung des Gartenteiches als Lebensraum muß im Vordergrund aller regulierender Eingriffe stehen.

12 Pflanzen für den ökologisch orientierten Gartenteich

Die Anordnung der Pflanzen in der folgenden tabellarischen Übersicht folgt dem Alphabet der den deutschen Namen nachgestellten wissenschaftlichen Pflanzennamen

Zeichenerklärungen:

Blütezeit:
I = Januar bis XII = Dezember

Lebensbereich:
Bodenfeuchte Randzone = BR; Stauden für den sumpfigen Bereich = SS; Flachwasserzone = FZ; Seichtwasserzone = SW; Seerosen- oder Schwimmblattzone = SZ;

Pflanzengruppe:
Wasserpflanze = W; Sumpfpflanze = Sp; Pflanze für frische bis feuchte Böden = Pf; Gehölz = G; Schwimmblattpflanze = S; Unterwasserpflanze = U;

Standortansprüche:
Bodenreaktion (pH-Wert): sauer = s; neutral = n; alkalisch = a;

Lichtansprüche: ○ = für sonnige Lagen; ◑ = liebt bzw. verträgt Halbschatten; ● = liebt bzw. verträgt Schatten;

Pflanzenname	Blütezeit	Blütenfarbe	Höhe (m)	Lebens-bereich	geförderte Tierarten	Pflanzen-gruppe	Standortansprüche: pH	Licht	Wasser-tiefe (cm)
Kalmus *(Acorus calamus)*	VI–VII	gelblich	0,6–1,2	FZ–SW	Libellen	W	n	○	10–40
Froschlöffel *(Alisma plantago-aquatica)*	VII–IX	weiß	0,4–0,8	FZ–SW	Schwebefliegen	W	a	○	20–30
Schwarzerle *(Alnus glutinosa)*	II–III	rötlich gelb	bis 25	BR	Weidenjungfern, Laubfrösche u. a.	G	n	○	–
Grünerle *(Alnus viridis)*	IV–V	rötlich gelb	bis 2	BR	Weidenjungfern, Laubfrösche	G	n	○	–
Moorbirke *(Betula pubescens)*	IV–V	braun gelb	bis 8	BR	Laubfrösche	G	s	○	–
Uferbirke *(Betula nigra)*	IV–V	–	5–15	BR	Laubfrösche	G	n	○	–
Schwanenblume *(Butomus umbellatus)*	VI–VIII	rosa	0,8–1,2	FZ	Bienen, Plattbauch	W	n	○	20–30
Schlangenwurz *(Calla palustris)*	V–VII	Blütenscheide: weiß; Blüte: gelblich	0,1–0,3	SS–FZ	Zweiflügler, kleine Käfer	Sp	s	◑	0–10
Sumpfdotterblume *(Caltha palustris)*	III–V	gelb	0,2–0,4	BR–FZ	Zweiflügler, Hautflügler, Käfer	Sp	n	○–◑	0–10
Sumpfsegge *(Carex acutiformis)*	VI–VII	gelb	0,8–1,2	SS–FZ	Großlibellen, Kleinlibellen, Froschlurche	Sp	n	○–18	0–20
Riesensegge *(Carex pendula)*	V–VI	gelblich	0,4–1,0	BR	Amphibien	Pf	n–s	◑	–
Hornblatt *(Ceratophyllum demersum)*	VI–IX	–	–	–	Großlibellen, Kleinlibellen	U	a	○	40–60
Sumpfbinse *(Eleocharis palustris)*	V–VIII	gelblich	0,2–0,3	FZ–SW	Kleinlibellen, Großlibellen, Froschlurche, Spinnentiere	W	n	○	20–40

Pflanzenname	Blütezeit	Blütenfarbe	Höhe (m)	Lebens-bereich	geförderte Tierarten	Pflanzen-gruppe	Standortansprüche: pH	Licht	Wasser-tiefe (cm)
Kanadische Wasserpest *(Elodea canadensis)*	V–VII	weiß		SZ	Fischnährtiere, Wasserkäfer, Großlibellen, Fische	U	n–a	○-◑	50
Schmalblättriges Wollgras *(Eriophorum angustifolium)*	III–V	grünlich Frucht: weiß	0,2–0,5	BR	Moorlibellen	Pf	s	○-◑	–
Wasserdost *(Eupatorium cannabinum)*	VII–IX	rot	1,5–2	BR–SS	Schmetterlinge, Bienen	Sp	n	○-◑	–
Mädesüß, Spierstaude *(Filipendula ulmaria)*	VI–VII	weiß	1–1,5	BR–SS	Schmetterlinge, Bienen	Sp	n	○	–
Schachbrettblume *(Frittilaria meleagris)*	IV–V	rotbraun-reinweiß	0,1–0,3	BR	Erdhummeln, Bienen	Pf	n	○	–
Sumpfstorchschnabel *(Geranium palustre)*	VI–IX	violett-karminrot	0,3–0,8	BR–SS	Fliegen, Bienen, Schmetterlinge	Sp	a	○	–
Tannenwedel *(Hippuris vulgaris)*	VII–VIII	grünlich	0,3–0,4	FZ–SW	Großlibellen, Froschlurche, Wasserkäfer, Wasserwanzen	W	a	○	20–30
Wasserfeder *(Hottonia palustris)*	V–VII	zartrosa	0,2–0,3	FZ–SW	Fliegen, Bienen, Falter	W	s	○	20–30
Froschbiß *(Hydrocharis morsus-ranae)*	VII–VIII	weiß	–	SZ	Froschlurche, Käfer, Schnecken, Würmer	S	n	○	–
Geflügeltes Johanniskraut *(Hypericum tetrapterum)*	VII–VIII	hellgelb	0,2–0,7	SS	Glanzkäfer, Schwebefliegen	Sp	n	○	–
Wasserschwertlilie *(Iris pseudacorus)*	V–VIII	gelb	0,6–0,8	SS–FZ	Hummeln, Schwebefliegen, Großlibellen	Sp	s–n	○-◑	0–30

Sibirische Wieseniris *(Iris sibirica)*	V–VI	blau	0,7–1,2	BR	Plattbauch	Pf	n	○-◑	-
Greiskrautarten *(Ligularia sp.)*	VII–IX	gelb-orange	1,0–1,8	BR	Bienen, Falter, Schnecken	Pf	n	◑-●	-
Pfennigkraut *(Lysimachia nummularia)*	V–VIII	gelb	0,05–0,1	BR–SS	Fliegen, Schwanzlurche	Pf	a	◑	-
Blutweiderich *(Lythrum salicaria)*	VI–IX	rötlich-lila	1–1,5	BR–FZ	Schmetterlinge, Bienen, Hummeln, Zweiflügler	Sp	a–n	○	0–30
Wasserminze *(Mentha aquatica)*	VII–X	weiß-lila	0,2–0,8	FZ–SW	Hummeln, Wasserschnecken, Schmetterlinge	W	n	○	20–40
Fieberklee *(Menyanthes trifoliata)*	V–VI	weiß	0,1–0,2	SS–FZ	Hummeln, Wasserschnecken	Sp	s	○	0–15
Gauklerblume *(Mimulus luteus)*	V–VIII	gelb	0,2–0,4	SS	Bienen	Sp	n	◑	-
Sumpfvergißmeinnicht *(Myosotis palustris)*	V–IX	hellblau	0,2–0,3	BR–FZ	Froschlurche, Schwanzlurche, Gitterwanzen, Kleinlibellen	Sp	n	○-◑	0–10
Tausenblatt *(Myriophyllum sp.)*	VI–IX	rosa	-	SW–SZ	Kleinlibellen	U	n–a	○-◑	ab 30
Weiße Seerose *(Nymphaea alba)*	V–X	weiß	-	SZ	Fliegen, Kleinlibellen, Käfer, Wasserschnecken, Froschlurche	S	n	○	80–120
Seerosensorten:									
Nymphaea 'Attraction'	V–X	dunkelrot	-	SZ	wie oben	S	n	○	50–80
Nymphaea 'Escarboucle'	V–X	rubinrot	-	SZ	wie oben	S	n	○	40–60
Nymphaea 'Mme. Mce. Laydeker'	V–X	kirschrot	-	SW	wie oben	S	n	○	30–40
Nymphaea 'Marliacea Rosea'	V–X	zartrosa	-	SZ	wie oben	S	n	○	50–80

Pflanzenname	Blütezeit	Blütenfarbe	Höhe (m)	Lebensbereich	geförderte Tierarten	Pflanzengruppe	Standortansprüche: pH	Licht	Wassertiefe (cm)
Nymphaea pygmaea 'Alba'	V–X	reinweiß	–	SW	wie oben	S	n	○	20–35
Nymphaea odorata 'Rosennymphe'	V–X	hellrosa	–	SW–SZ	wie oben	S	n	○	40–70
Seekanne *(Nymphoides peltata)*	VI–VIII	gelb	–	SW–SZ	Bienen, Hummeln, Blumenfliegen	S	a	○	30–50
Gelbe Teichrose *(Nuphar lutea)*	VI–IX	gelb	–	SZ	Kleinlibellen, Froschlurche, Käfer, Fliegen	S	n	○	50–100
Schilfrohr *(Phragmites australis)*	VII–IX	bräunlich-violett	1–4	BR–SS	Froschlurche insbesondere Laubfrösche	Sp	a–n	○	0–10
Schwimmendes Laichkraut *(Potamogeton natans)*	VI–IX	bräunlich	–	SZ	Kleinlibellen, Froschlurche	S	n	○	50–60
Krauses Laichkraut *(Potamogeton crispus)*	VI–VIII	bräunlich-grün	–	SZ	Kleinlibellen, Fische, Fischnährtiere	U	a	○	50–60
Glänzendes Laichkraut *(Potamogeton lucens)*	VI–VIII	bräunlich-grün	–	SZ	Kleinlibellen, Fische, Fischnährtiere	U	a	○	50–60
Kammförmiges Laichkraut *(Potamogeton pectinatus)*	VI–VII	bräunlich-grün	–	SZ	Kleinlibellen, Fische, Fischnährtiere	U	a	○	50–60
Hechtkraut *(Pontederia cordata)*	VI–IX	blau	0,5–0,6	SW	Kleinlibellen, Großlibellen, Froschlurche, Bienen	W	n	○–◑	30–50
Orchideenprimel *(Primula vialii)*	VI–VIII	scharlach	0,2–0,5	BR	Käfer, Großlibellen	Pf	n–s	○–●	–
Wasserhahnenfuß *(Ranunculus aquatilis)*	V–VIII	weiß	–	SZ	Großlibellen, Fische, Käfer, Fliegen, Bienen	U	s	○–◑	50–60

Brennender Hahnenfuß *(Ranunculus flammula)*	V–IX	blaßgelb	0,3–0,5	SS–FZ	Kleinlibellen, Käfer, Fliegen, Bienen	Sp	s	○	0–10
Zungenhahnenfuß *(Ranunculus lingua)*	VI–VIII	gelb	1–1,5	FZ–SW	Käfer, Fliegen, Bienen	W	a–n	○	20–30
Haarblättriger Hahnenfuß *(Ranunculus trichophyllus)*	VI–VIII	weiß	–	FZ–SW	Wasserkäfer, Wasserskorpion, Schwanzlurche	U	a	○	20–40
Breitblättriges Pfeilkraut *(Sagittaria latifolia)*	VI–VIII	weiß	0,3–0,7	FZ	Froschlurche insbesondere Laubfrösche	W	a–n	○–◑	20–30
Pfeilkraut *(Sagittaria sagittifolia)*	VI–VIII	weiß	0,3–0,7	FZ	wie oben	W	a–n	○–◑	20–30
Trauerweide (*Salix alba* 'Tristis')	IV–V	gelblich	15–20	BR	Weidenjungfern, Vögel	G	a–s	○	–
Ohrweide *(Salix aurita)*	IV–V	gelblich	1,5–3	BR	Laubfrösche, Weidenjungfern, Vögel	G	s	○	–
Grauweide *(Salix cinerea)*	III–IV	grauweiß	2–5	BR	wie oben	G	n	○	–
Lorbeerweide *(Salix pentandra)*	V–VI	gelblich	2–5	BR	Laubfrösche, Weidenjungfern, Vögel	G	s	○	–
Seebinse *(Schoenoplectus lacustris)*	VI–VIII	bräunlich	1–2	SW–SZ	Kleinlibellen, Großlibellen, Froschlurche insbesondere Knoblauchkröten, Vögel	W	n	○	30–60
Großer Merk *(Sium latifolium)*	VII–VIII	blaßgelb	0,6–1,8	FZ–SW	Käfer, Hautflügler, Libellen	W	n	○	20–40
Aufrechter Igelkolben *(Sparganium erectum)*	VII–VIII	grünlich	0,8–1,2	SW	Großlibellen	W	a–n	◑	30–40
Krebsschere *(Stratiotes aloides)*	V–VI	weiß	0,1–0,2	SZ	Großlibellen insbesondere die Grüne Mosaikjungfer, Froschlurche	S	s–n	○	–
Wassernuß *(Trapa natans)*	VI–IX	weiß	–	SZ	Libellen	S	n	○–◑	60–80

Pflanzenname	Blütezeit	Blütenfarbe	Höhe (m)	Lebensbereich	geförderte Tierarten	Pflanzengruppe	Standortansprüche: pH	Licht	Wassertiefe (cm)
Trollblume *(Trollius europaeus)*	V–VI	gelb	0,2–0,5	BR	Bienen, Hummeln, Käfer, Fliegen	Pf	a–s	○–◑	–
Schmalblättriger Rohrkolben *(Typha angustifolia)*	VI–VII	braun	1–2	SW–SZ	Großlibellen, Kleinlibellen, Froschlurche insbesondere Laubfrösche und Knoblauchkröten, Wasservögel, Spinnen	W	s	○	30–50
Breitblättriger Rohrkolben *(Typha latifolia)*	VII–VIII	braun	1–2	FZ–SW	wie oben	W	n	○	20–30
Lockerer Rohrkolben *(Typha laxmannii)*	VII–VIII	braun	1,4–1,8	FZ–SW	wie oben	W	a	○	20–30
Shuttleworthens Rohrkolben *(Typha shuttleworthii)*	VI–VIII	braun	1–1,5	FZ–SW	wie oben	W	n	○	20–30
Kleiner Rohrkolben *(Typha minima)*	V–VI	braun	0,6–0,8	FZ	wie oben	W	n	○	10–20
Gemeiner Wasserschlauch *(Utricularia vulgaris)*	VI–VIII	gelb		FZ–SW	Großlibellen	U	n	○	30–50

13 Verzeichnisse

Literatur zum Thema

Baur, W. H., 1987: Gewässergüte bestimmen und beurteilen, 2. Aufl. Hamburg, Berlin: Verlag P. Parey.

Dochran, D. M., 1978: Knaurs Tierreich in Farben – Amphibien. München: Droemersche Verlagsanstalt Th. Knaur.

Dreyer, W., 1986: Die Libellen. Hildesheim: Verlag Gerstenberg.

Graf, J., 1967: Wanderer durch die Binnengewässer. München: Verlag J. F. Lehmanns.

Hanselmann, E., 1981: Lebendiges Wasser. Taspo Magazin 8, Braunschweig: Verlag B. Thalacker.

Heiligmann, W. und H. Janus, 1979: Mensch, Tier, Pflanze. Stuttgart: Verlag Ernst Klett.

Jorek, N., 1985: Beispielhafte Gartenteiche. Melle: Verlag Pro Bio.

Klots, B. A. und B. E. Klots, 1959: Knaurs Tierreich in Farben – Insekten. München, Zürich: Droemersche Verlagsanstalt.

Lohmann, M., 1978: Öko-Gärten als Lebensraum. München: BLV.

Muus, B. J. und P. Dahlström, 1978: Süßwasserfische, 4. Aufl. München: BLV.

Pretscher, P., 1976: Hinweise zur Gestaltung eines Libellengewässers. Natur und Landschaft 51, 249–251.

Rehfeldt, Martens, Rüppel, 1986: Libellen – Raubritter der Liebe. Geo 5, pp. 64–78.

Sauer, F., 1979: Tiere in Bach und Weiher. Bern, Stuttgart: Verlag Hallwag.

Scholl, G. und B. Stöcklein, 1985: Die Bedeutung von Kleingewässern für die Amphibien und Insektenfauna. Merkblätter zum Artenschutz. München: Bayerisches Landesamt für Umweltschutz.

Schwertner, P., 1983: Der naturnahe Gartenteich. Hannover: Landbuch-Verlag.

Vetvicka, V. und Z. Drejcova, 1981: Pflanzen auf Wiesen und am Wasser. Hanau: Verlag W. Dausien.

Wachter, K., 1984: Der Wassergarten, 5. Aufl. Stuttgart: Verlag E. Ulmer.

Wilke, H., 1985: Der Naturteich im Garten, 4. Aufl. München: Verlag Gräfe und Unzer.

Zinkernagel, G., J. Sieber und H. Simon, 1983: BdB Handbuch. Teil III: Stauden, 2. Aufl. Pinneberg: Eigenverlag der Fördergesellschaft »Grün ist Leben«.

Bestimmungsbücher und botanische Wörterbücher

Arnold, E. N. und J. A. Burton, 1983: Pareys Reptilien- und Amphibienführer, 2. Aufl. Hamburg, Berlin: Verlag P. Parey.

Boerner, F., 1978: Taschenwörterbuch der botanischen Pflanzennamen, 3. Aufl. Berlin, Hamburg: Verlag P. Parey.

Carter, D. J. und B. Hargreaves, 1987: Raupen und Schmetterlinge Europas und ihre Futterpflanzen. Hamburg, Berlin: Verlag P. Parey.

Chinery, M., 1984: Insekten Mitteleuropas, 3. Aufl. Hamburg, Berlin: Verlag P. Parey.

Encke, F., G. Buchheim und S. Seybold, 1984: Zander Handwörterbuch der Pflanzennamen, 13. Aufl. Stuttgart: Verlag E. Ulmer.

Engelhardt, W., 1983: Was lebt in Tümpel, Bach und Weiher? Kosmos Naturführer, 11. Aufl. Stuttgart: Franckh'sche Verlagsbuchhandlung.

Fitter, A., 1987: Pareys Naturführer Plus, Blumen. Hamburg, Berlin: Verlag P. Parey.

Fitter, R. und A. Fitter, 1986: Pareys Blumenbuch, 2. Aufl. Hamburg, Berlin: Verlag P. Parey.

Garcke, A., 1972: Illustrierte Flora, Deutschland und angrenzende Gebiete, 23. Aufl. Berlin, Hamburg: Verlag P. Parey.

Higgins, L. G. und N. D. Riley, 1978: Die Tagfalter Europas und Nordwestafrikas, 2. Aufl. Hamburg, Berlin: Verlag P. Parey.

Mitchel, A. und J. Wilkinson, 1982: Pareys Buch der Bäume. Hamburg, Berlin: Verlag P. Parey.

Schmeil, O. und J. Fitschen, 1982: Flora von Deutschland und seinen angrenzenden Gebieten, 87. Aufl. Heidelberg: Verlag Quelle & Meyer.

Zahradnik, J., 1985: Käfer Mittel- und Nordwesteuropas. Hamburg, Berlin: Verlag P. Parey.

Stichwortregister

Halbfette Seitenzahlen verweisen auf Abbildungen

Verzeichnis der deutschen und wissenschaftlichen Pflanzennamen

Normal gedruckte Seitenzahlen verweisen auf den beschreibenden Text, **fett** gedruckte Seitzenzahlen auf **Abbildungen**

Verzeichnis der deutschen und wissenschaftlichen Tiernamen

Normal gedruckte Seitenzahlen verweisen auf den beschreibenden Text, **fett** gedruckte Seitenzahlen auf **Abbildungen**